クォリティ スクール・ティーチャー

The Quality School Teacher

精神科医師
ウイリアム・グラッサー 著
William Glasser

認定NPO法人日本リアリティセラピー協会理事長
日本選択理論心理学会会長
柿谷正期 監訳

ACHIEVEMENT PUBLISHING

Published by arrangement with HarperCollins Publishers
through Japan UNI Agency, Inc., Tokyo

刊行に寄せて

これまでの15年間、妻ナオミは私の書いた本と、彼女自身の本二冊を編集してきた。彼女自身の本は、事例集で、What Are You Doing? と Control Theory in the Practice of Reality Therapy である。どの場合も彼女の編集は緻密で、私が書いたことがわかりやすく、鮮明になった。こうした本を読む機会があれば、私の言ったことに同意しないとしても、彼女がしたことは、間違いなく、私が意味するものを理解するのに困難がないことを保証する。

こう書くことのも大きな悲しみ湧き上がってくるが、本書が彼女の編集した最後の本となった。短かったが壮絶な病、がんとの戦いを終えて、彼女は１９９２年12月に亡くなった。具合の悪い状態でもなお編集することを主張し、自分がベストと思うような取り組みができなかったことで自分を責めていた。そんな彼女に私は、彼女の編集は初めから終わりまでクォリティが高いものだったと告げた。読者も同意されると思う。彼女は最後の原稿を読んで満足したと思う。

彼女との長い満足のいく結婚生活の中で、彼女の献身的な支援がなかったなら、私の取り組みもクォリティと言えないものだっただろうと思うので、ここに彼女を讃えたい。彼女を知っている方々（学校関係者、カウンセリングの専門家、その他とても大勢の方々）は、彼女の働きを認め、彼女の思いやり、そして私たちが使っているアイディア（これは大勢の人々を助けてきた）への献身的思いを、もう見ることができないことを悲しく思われることであろう。

本書が完成されたときの献呈の辞は、家族の二人の教師に捧げられた。息子のマーティン、息子の妻パメラ。マーティンは高校教師で社会学を教えている。パム（パメラの愛称）は幼稚園児を教えている。二人ともコネティカットに住み、働いている。

この献呈の辞がここに含まれたことはまさに満を持している。ナオミは教えることこそ職業の中でも最も高度なものであると信じていたので、マーティンとパムが教えることを職業に選んだことを大変誇りに思っていた。

クォリティスクール・ティーチャー

はじめに

本書が1993年に出版されて以来、私は自分の主張していた理論の名称を、コントロール理論から選択理論に変えた。理由は、コントロール理論という名前は誤解を与え、人々が名前を受け入れるのに困難を覚えていたからだ。もともとコントロール理論は私の発案した言葉ではなく、選択理論への変化は教師にも生徒にも受け入れやすいものとなった。名前は変わっても、理論について本書で書かれていることは正確である。

選択理論は、しかしながら、私が1998年に著した『グラッサー博士の選択理論』（邦訳小社刊）でさらに拡大され、わかりやすくなった。教育関係者は『グラッサー博士の選択理論』の第十章「最高の学校」を読めば特に有益だと思う。そこでは、多くの新しいアイディアを紹介している。こうしたアイディアは教室で非常に効果的で、やる気のない生徒、あるいは敵対的な生徒との関わりで役に立つと思う。私の書いたことで質問があれば、あるいはもっと情報が欲しいと思われたら、左記に連絡していただきたい。（訳注：2013年8月24日グラッサー博士は他界された）

《情報のほしい方はこちらまでご連絡ください》

「日本の問い合わせ先」

認定ＮＰＯ法人・日本リアリティセラピー協会

〒２５４-００４５　神奈川県平塚市見附町14-10

電子メール：wgij@choicetheorist.com

序文

長い年月の間、有能で献身的な人々が、学校を改善しようとしてきたが成功しなかった。「ほとんどすべてが失敗する中で、なぜクォリティスクールは成功したのか？」と質問が出るのは自然である。

他の取り組みが失敗する中で、クォリティスクールのプログラムが成功のチャンスを得ている理由は、新しい理論、選択理論[1]を基盤にしているからだ。この理論を基盤にした最初の学校がクォリティスクールなのだ。ほとんどすべての他の学校は、古い理論、外的コントロール理論を基盤にしている。外的コントロール理論は、ボス的な対応で、教育や企業が現在抱えているほとんどすべての問題の元凶である。

働いている教師陣は、ひょっとして成功の基盤が選択理論であることに気づいていないかもしれないが、選択理論を理解している人なら誰でも、世界で成功している数少ない学校は選択理論を基盤にしていることが容易にわかる。デミング（W.Edward Deming 訳注：アメリカ合衆国の統計学者）がいみじくも言うように、彼らの成功は繰り返すのがとても困難である。

成功の背後にある理論を理解しないまま、成功した学校の真似をしても失敗するのがオチだ。この理論こそ教育改革に見られる現在の混沌とした実態の確実な処方箋である。

　選択理論の適用を学び、生徒に教え、その努力をする教師は誰でも成功する。なぜなら、成功の基本を知っているからだ。したがって、クォリティスクールは、教師陣が努力する覚悟があれば、どんな学校でもつくることができる。本書の目的は、教室で理論を実践に落としこむ方法を、教師の皆さんに提供することである。

第一章

クオリティスクールの教師はリードマネジャーであって、ボスマネジャーではない

この本はクォリティスクールの考えに興味を持つ学校で働く教師に読んでほしい。しかし、どのような学校であれ、自分の教えるクラスでクォリティスクールの考えを実践したいと思っている教師に役立つことは間違いない。クォリティスクールの考えを長い間教えてきた経験から言えることは、クラスまたは学校そのものが上質を追求し、教師と管理者全員が一致して変革を起こすことはとても困難なことだ。ボスマネジメントをやめて、リードマネジメントに移行する方が良い。デミングの言葉を思い出してみよう。「知識は予測であり、知識は理論から生まれる。理論がなければ経験から学べない。よって、他の成功を単に真似してはいけない。その成功の背後にある理論を理解しないで真似をしても、散々な結果しか得られない」[2]

マネジャーは、学校においては管理者と教師を意味するが、リードマネジメントへの移行を拒むのが常である。なぜなら、もしデミングの言葉を受け入れるなら、自分たちの持つ力を手放さなければならないからだ。彼らは手放すことを恐れている。マネジャーにとって理解しがたいことは、ボスマネジメントに付随した個人の力こそが、達成しようとする「クォリティ」の障害となるということだ。

学校がクォリティスクールになるためには、まず、校長自身がリードマネジメントという新しいシステムで対応すると決意しなければならない。次に、ボスマネジメントではなく、リードマネジメントの実践で教師たちに自分の決意を確信してもらう。次に、教師は生徒（注1）に対して、ボスマネジメントでなく、リードマネジメントで対応を始めることだ。こうして何か新しく今までにない良いことが教室で起こっていることを生徒に体験してもらう。これらの二つは難しいことではあるが、教師の取り組みよりも校長の方がやりやすい。

クォリティスクールにおける校長の主な仕事は、教師にリードマネジメントで対応することだ。この手法を自ら学ぼうとし、初期段階で必要な支援を得られることを求めている教師に対して、リードマネジメントで関わることだ。一方教師は、マネジメントに加えて教えることもしなければならない。多くの生徒は学校にいることさえも嫌で、おそらくすべての生徒がどんな対応の仕方を教師が採用しようと興味がなく、もともと教師を助けようなどとは考えてもいない。これらの生徒の心をつかむことこそ、本書のめざすところだ。そして、教師がそうするために、校長は教師の変化を見ているだけではなく、それ以上の支援をする必要がある。本書で述べるリードマネジメントを教師が実践しようとする際に、校長は積極的に教師をあらゆる面で支援する必要がある。

クラスで何か新しくより良いことが起こっていると生徒が納得しなければ、クォリティの高い学習に必要な真剣な努力をしようとはしない。生徒の中には、「良い成績」を得たことがあった生徒もいたであろうが、ほとんどの生徒にとって「クォリティの高い取り組み」は全く新しい考えである。そのような取り組みを考えたこともないし、無論、したこともない。最初生徒は「クォリティの高い取り組み」を難しいこととととらえ、往々にして試みることに抵抗する。何が上質かを教師が教え、生徒も上質な取り組みができるとわかるまで抵抗は続く。ここにクォリティスクールの教師の重要な仕事がある。

何か新しいことが始まっていることを生徒に納得させる最も効果的な方法は、これまでなかったくらい生徒に話しかけることだ。さまざまな形で生徒に話しかける中で、学校は教師のものでも校長のものでも、保護者のものでもなく、生徒自身のものであることを伝える。そこでは、生徒は何も強要されないし、教師と共に何を学べば役に立つかを決め、共にすべての問題の解決に取り組む。なぜなら、学校が生徒のものであるなら学校の問題は生徒の問題だからだ。教師は、生徒の問題が教師の問題に転換されることを防ぐ必要がある。この問題のすりかえが習慣化しているからだ。

これを達成するには、机が縦に並んだ従来の縦形配列ではなく、教師も含めて向かい合った円形配列に変えると良い。この円形配列にする目的は、気づいた瞬間に生徒の注目を集め、重要だと思われる課題について随時話し合うことができるからだ。従来の縦形配列では、教師が意思疎通の天才でない限り一列または二列までに座る生徒としかコミュニケーションをとることはできない。コミュニケーションできなければ、生徒は学校が生徒自身のものであることを受け入れることはない。クラスでの生徒の座り方を変えることには相当な反対があると承知しているが、教師はまず校長に掛け合い、了解を得る必要がある。そして、営繕担当者の協力を得ようとするなら、数週間かけて優しく話し合う必要がある（訳注：机の配置に営繕担当者が関わっている場合を指している）。

わたしの書いてきたことからわかるように、生徒が学校を生徒自身のものととらえていないが、ボスマネジメントで対応している従来の学校が成功しているときには、学校ではなく生徒の家庭環境に成功の理由がある。しかしこの成功も多くはない。家庭が協力的で恵まれた学校でさえ、半数以上の生徒が良い成績を取っていない。上質な取り組みをする生徒はほとんどいない。家庭が協力的でない場合、良い成績を取る割合は5％に落ちる。ましてや上質な取り組みは存在しない。クォリティスクールが目指しているのは、すべての生徒が上質な取り組みをすることだ。家庭の協力が得られても、それ以上に学校は、上質な取り組みは価値があることだ、と生徒を説得すべきだ。

1970年代の終盤までは、政治家は既存の学校に満足していた。学校は崩壊していなかったので、修復する重圧はなかったからだ。しかしながら、いわば突然、良い成績、統一テストの高い点数を取る生徒が少ないことに気づきはじめた。この認識が学校への非難と改善要求につながっていった。だが、「上質」への関心は全くない。改善への重圧はいわゆる成績、点数の向上に対するものであるが、この改善すら進んでいるとは言えない。なぜなら、今のところ提案されているほとんどの改善方法は従来の古いボスマネジメントのやり方であって、教えて、テストし、褒美か罰を与えるという対応だからだ。

20年におよぶ実りのない努力の結果得られたものは、次のような大量の証拠である。すなわち従来のボスマネジメント手法では、これ以上の成果を学校は出せないということだ。ボスマネジメントからリードマネジメントに移行しなければ、どんな標準テストでも、あるいは標準テストではない質の低い統一テストでも向上は見られない。最悪なのは、次世紀に経済的競争力を身につけようとしても、生徒にとって必要な「上質な取り組みを学ぶ機会」がないということだ。我々は遠い将来への計画を立てている場合ではなく、今、変化しなければならない。

デミングの考えに賛同し取り入れていると公言している、もしくは、耳あたりの良いT

MQ（トータルクォリティマネージメント）を取り入れているとされる多くの学校でさえ、変化は起こっていない。理由は簡単だ。学校と教育委員会の関係者がデミングの考えを理解できていないからだ。もしデミングの考えを取り入れて成功したいのなら、彼の言葉通りに「システムを変える」ことをしなければならない。教育者だけがデミングを理解する能力に欠けているわけではない。システムそのものを変えることに躊躇《ちゅうちょ》しているのは産業界のリーダーたちも同じだ。このところ産業界の多くのリーダーたちは学校運営にも関与している。

たいていのビジネスリーダーは、良い成績、統一テストの高い点数を取る生徒を十分に輩出できない学校を罰する、閉鎖を余儀なくするという〝脅し〟を匂わせながら、もっとテストを増やすべきだと要求する。これは教育者をさらにボスマネジメントに追いやっている。これがデミングの本質をわかっていない証拠でなくてなんであろう。教育界においても産業界においても、上に立つ者がシステムそのものを変えない限りどのような改善もない。システムの構成員に問題があるわけではない。

上述の意味を理解してもらうために、いかに古いシステムから新しいシステムへの変化が大変なことかを日常の生活用品を例にとって説明しよう。読者のほとんどは最近の食器洗浄機の取扱説明書の内容を知っているであろう。洗浄機に入れる前にお皿に残った食べ物を取り除く以外は何もしなくてよい。しかし実際には、新しい洗浄機を使っている人は「取り除く」以上のことをし、洗浄機に入れる前にお皿を洗っている。今まで慣習としてきたから、してしまうのだ。新しい洗浄機には取説（トリセツ）通りにその機能が備わっていることを概念化できない。新しいシステムを概念化できず、古いシステムに固執している。よって「手で皿を洗う」という〝予洗作業〟を続けてしまうのだ。

内容はもっと複雑であるとはいえ、ボスマネジメントからリードマネジメントへの移行は、食器の予洗作業をやめるかどうかの問題と似ている。仮にデミングの考えと選択理論を受け入れ、リードマネジメントで生徒に対応して教えれば、すべての生徒は上質な取り組みを始める。よって規律違反の問題はなくなる。これを信じるのは難しいであろう。〝質の低い〟製品を生産して競争力が低下している企業の多くのビジネスリーダーが、十分にデミングの考えを概念化できないで、ボスマネジメントを続けている。同様にあまりにも多くの教師がボスマネジメントをやめずに、古いシステムにがんじがらめになっている。

たとえば、クォリティスクールの新しいシステム、リードマネジメント手法を取り入れようとする教師から次のような質問を頻繁に受ける。「でも、もし生徒が宿題をやってこないときに、罰を与えないで、どうすれば良いのですか？」このような教師は、生徒は罰したり脅したりしなくても、取り組みができるだけではなく、より良い取り組みをするようになる（初めはより良い取り組みとなり、後に上質な取り組みとなる）という考えを受け入れることをせず、同じ質問を繰り返し、生徒を罰し続ける。リードマネジメントの背後にある選択理論を概念化できないでいる。生徒はなぜ宿題をしないのか、それはその宿題が生徒の欲求を満たさないからである。古いボスマネジメントのシステムに追従するあまり、教師はどうしても次のような思いを絶つことができない。「わたしが生徒にしろということは生徒のためになることだ。だから、生徒はしたいかしたくないかにかかわらずわたしの言うことをきかなければならない」

しかし、変化を心から望んでいる教師がそれでも古いシステムに固執してしまうのは頑固だからではない。わたしはこの点をよくわかっている。単に新しいシステムへの実践的理解が不十分なだけなのだ。このような教師を助けるために、多くの執筆をしてきたが、まだ足りてはいない。デミングも同じような問題を抱えていた。93歳にして、あらゆる日本での成功例を挙げ、彼の提唱する考えが産業界で有効であることを証明しようしたが、米国においては彼自身が願うほどの理解は得られなかった[3]。

彼が挙げた産業界での成功例と同じくらい、教育界における成功例を挙げることができればいいが、それほど多くはない（訳注：1993年に書かれた本書ではそれほど多くはなかったが、今は当時よりも多い）。しかし新しいシステムを実践するという契約を締結した学校（訳注：クォリティスクール協議会に入会した学校）は、成功に近づいている。幸いなことに、デミングも私も、上質追求のマネジメントを米国人に何度となく説明することに忙しいということだ。人々は新しい考えが必要であることをひしひしと感じている。とても残念なのは、たくさんの人々が古いシステムに固執するあまり、身動きがとれなくなっていることだ。そして、求めているものが上質であるなら、古いシステムでは無理だという事実を認められないでいる。

たとえば従来型のマネジメントシステムがあるが、このシステムを変えるということはとてつもなく困難な仕事である。誰もが想像する以上のことが要求される。食器洗浄機を売ったセールスマンが、一週間、毎晩あなたの家まで来て、どうにか残った食べ物を取り除いた皿をそのまま洗浄機に入れ、洗浄が終わるのをあなたと待ち、ピカピカになった食器を取り出す。そして、目の前で見たようにやってみてください、と言われても、おそらく新しいやり方をするのは難しいだろう。かなり注意深い人でないかぎり、予洗するというこれまでの慣れた作業に戻っていく。リードマネジメントのやり方を始めても、古い、強制的な教え方に戻らないように、緊張感をもって最善の注意を払っていかなければならない。

学校のボスマネジメント手法は、食器を予洗するという行為よりも、人々の頭にはるかに固定化されているので、本書の主目的は、リードマネジメントのための具体的な教え方を提案することにある。これらの提案は読者にとっては新しいことばかりであろう。しかし新しいシステムが機能するためには、新しい関わり方が必要なのだ。新しい指導方法を試みたプロ教師の経験によれば、新しいやり方の方が従来の方法よりも、より簡単で、そして楽しめるということだ。これは大きな励ましとなる。

教育に変化をもたらすことができるのは、現場の教師以外にはいない。この本の始まりとなる現時点において強調しておきたいのは、私が推薦すること、また時に促すことは、あくまでも、提案であるということだ。この本に記してある提案に、ひとつとして強制はない。私は選択理論とデミングのアイディアを用いて、提案の理由を説明し、そしてなぜ実践すれば成功する可能性があるかを明確にしていく。もし、なるほどと思ったなら、考えてみて、ゆっくりそしてしっかりとそれぞれの現場で実践してみるとよい。急ぐことは全くない、クォリティスクールの教師になるには時間がかかるものなのだ。

注1

英語ではstudentの一語で児童、生徒、学生などを意味しているので、本書では「生徒」は、児童を表していることも、生徒、学生を表していることもある。文脈の中で自由に解釈して欲しい。

第二章
クオリティスクールの教師はプロである

クォリティスクールの概念を理解している管理者の下で働くことになれば、ほとんどの人が、初めてプロの教師（訳注：教師は専門家である）と認められることになる。教育現場の学校はもとより、どのような分野でも、プロとは、求められる仕事のやり方を知っており、その仕事を最善と思う方法でやり遂げる機会も与えられている者のことである。たとえば、もしあなたが5年生を担当するプロの教師なら、まず何を達成するべきかを明確にし、そのためのスキルを適用する機会も与えられる。

したがって、プロとしてどのように仕事をやり遂げるかは、その人自身が決めることだ。これは、まわりからの提案に耳を傾けないということではないし、新しいより良い方法を学ばないという意味でもない。つまり他人任せではなく自分自身が主体的になるということだ。仕事を課せられた環境の中で、自分でカリキュラムを考え、最も効果的と思う教材を使い、共同学習のような有効と信じる手法を用い、どのように生徒を評価するかを考えることだ。そうすれば、生徒はおのずと教室で学ぶべきことを学び、教師に応えることになるだろう。　端的に言えば、仕事を引き受けたなら、その仕事を達成するのはあなた自身である、ということだ。

いかなる業界においても、プロとプロでない人の最も重要な違いは、仕事を達成する際に他人の指示を受けるか、受けないかでが問題ではなく、上質の追求こそが肝要なのだ。プロがする仕事は上質である。プロでない人にとっては、仕事をこなすこと、それもうまくこなすことで十分かもしれないが、プロともなれば、マネジメントや、教える現場において、その対象になる人々が上質な取り組みをすることが重要である。また、自他にとって仕事のやり方を改善し続けることがプロの証しとなる。

プロの教師は生徒に上質でない行動をするように要求しない。したがって、多くの教師が今生徒に要求している意味のない丸暗記はすべてクォリティスクールからはなくなる。教師も生徒もボスマネジメントを実践している学校で、生徒が上質な取り組みをするということはあり得ない。それを可能にするのは、リードマネジメントを学ぼうと努力するプロの教師だけだ。

従来型の学校では、教師はプロとしての扱いを受けていない。管理者、地域の教育委員会、県教育委員会、そして議会などの様々な人々が、教師に何をすべきか、どうすべきか、どう評価すべきかを指示する。教師ほど専門性が要求される仕事は他にない。しかし、他の仕事では起こり得ないことであるが、教師は専門性を生かしきれない状況で働いている。もし医師や弁護士が教師のような扱いを受けていたら、医学界、法曹界がどうなるか想像してみてほしい。教師以上に尊敬されている他の専門職の人が立派な仕事をするよりも、教師が立派に教えることの方がはるかに難しい。

我々の協議会[4]に属する高校の科学の教師が、「これまでのキャリアで初めてプロとして扱われており、校長は教師全員が各々最善と思うように教えて良いと励ましてくれた。」と私に言ったことがある。彼は『The Quolity School』（邦題『クォリティ・スクール』）の本に記されている多くのアイディアを実践し、結果は驚くべきものとなったという。すべての生徒は熱心に科学を学び、今までにない良い取り組みをし、中には「上質と言える取り組み」をする者もいた。しかし、実際には教える範囲が広過ぎてすべてを教えたことにはならなかったので、以前教えた範囲をカバーできなかったことを彼は心配していた。もし、今の校長が異動し、従来型のタイプの人に代わったなら失職するのではないかとも案じていた。

そのようなことが起こることはないと思うが、あり得ないわけでもない。しかし、最悪、そのようなことが起こっても、私は彼に脅《おび》えることはないと伝えた。なぜならこれまで彼はプロでない教え方をし、生徒の興味を奪い、規律違反問題の対処に時間を費やす術を知っているのだから（これらはすべて存在しなくなった）、その時がきたら前の自分に戻ればいいだけだと伝えると、とりあえず今の自分に懸けてみると彼は笑って言った。この話は新しいシステムを心地良いと感じるのに、一朝一夕にはいかないということを物語っている。彼は古いシステムに沿って15年間教えてきて、新しいシステムではまだ1年に満たない。彼はこの不安を種にして、自分の成し遂げた仕事を少し自慢したかったのだと思う。もちろん彼が成し遂げたことは、自慢に値するものだ。

彼の言っていることは実際にはもっと複雑な意味を含む。多数の教員（70人以上）は、同じようにリードマネジメントを試す機会があったにもかかわらず、なぜ彼ひとりが実践者だったのか。理由はリードマネジメントを実践するのは難しいからだ。難しいことをやり遂げた彼が少し自慢したくなるのもわかる。教師はプロとしての扱いを望むが、いざその望みがかなえられると（クォリティスクールではその望みはかなえられるが）、プロであることは簡単なことではないとわかってくる。

さまざまな制約に対して文句を言うのは簡単である。不適切な教科書、不公平な統一テスト、カリキュラムに含めなければならない学習範囲の膨大さ、決まったやり方をするようにという重圧、不平はいくらでも言える。変革の責任を負うことに比べれば不平を言う方が簡単だ。教師はプロとして働く機会を得たら、多くの難しい調整をし、ボスマネジャーからリードマネジャーへ移行しなければならない。本書はこのようなプロになる機会を得たいと思っている教師のために書かれたものである。

クォリティスクールでは、プロの教師として教室で何を教えるか、また、生徒が上質な取り組みを始めたと言える段階まで学んだことをどのように示すかを、簡潔にまとめて提出する責任がある。これらの要約は教師全員が参照でき、何を教えるかを調整し、授業内容の重複を避けることができる。とはいえ、地域社会に受け入れられる教え方をすることもプロ教師としての責任である。医師が地域社会で受け入れられていない、立証されていない手術をしないのと同じである。

教師の場合はとりあえず人命に関わることではないので、医師よりももっと自由を与えられても良い。しかし、もし新しい、変わったことを教室でする場合は、校長に伝え、事前に理解のある主な保護者に説明をしておくことも必要かもしれない。例えば、クォリティスクールでは、強制的な宿題は完全に廃止するという厳しいやり方がある。なぜなら、宿題をやらされて上質な取り組みをする生徒はいないからだ。従来の宿題はあまりに神聖視されているので、新しい規則を導入する手続きをどのように進めていくかは、チームで取り組み、考えてみると良い。また、生徒は学んだものを改善し、上質な取り組みをする機会が与えられれば、言われなくても家で学習するようになる。懐疑的な保護者にはこのように説明すると良い。

新しい手法に対して保護者からの支持を得るには、生徒が新しいシステムをどう感じているかを保護者に報告してもらうとよい。そして、家で生徒が以前よりたくさん、良い学習をしている姿を注視してもらう。クォリティスクールの教師は、古いシステムでは当たり前とされている生徒との敵対的な関係を完全に排除するだけではなく、保護者がこのことを十分理解していることを確認する必要がある。一番良い方法は、教室の話し合いの中で、学んだことで何が役に立つと思うかを生徒に聞くことだ。時間はかかるかもしれないが、生徒がこれをできるようになったら、学んだことを両親に伝える、という宿題を出すのも良い。学校で役に立つことを学んだと熱心に語る子どもの姿こそが、保護者からの支持を得る最善の方法となるだろう。

保護者もこの新しいプログラムに関わるべきであり、学校での取り組み方はそのまま家庭でも子どもへの接し方に応用できる。保護者と子どもの敵対的な関係、保護者は子どもを叱り、罰し、宿題をすると褒美を与えると言うことが、しばしば見られるが、保護者が子どもに支援的になり、敵対的な関係を避けることを学べば学ぶほど、教室でその子どもを教えることは容易になる。

読者はこの時点で、プロとは何かについてあまり考える必要はない。本書全体がこの問題について書かれているので、読み進めていくうちに、明らかになっていくだろう。

第三章

クオリティ（上質）の六条件

生徒に上質な取り組みをすることを教えるには、明らかに前述した内容よりさらに深くクォリティについて理解する必要がある。まず我々が認識すべきことは、幼児期を過ぎたすべての人にとって、最も重要なことは生活のクォリティだということだ。政府、団体、システム、ビジネス、また家族が、各々関わる人々の生活のクォリティを高めることを助けなければ、貢献したり、マネジメントしたり、説得したり、販売したり、また、愛したりする目的は達成されない。無論、クォリティを高めることをしている人々と競うことができるわけがない。

伝統的な学校で上質な取り組みをする生徒はほとんどいない。なぜなら、生徒は指示されていること、また、その指示のされ方が、自分の生活のクォリティを高めることになるとは信じていないからだ。教師もまた、プロとしての扱いを受けていなければ（プロの扱いを受けている教師はまずいない）、指示されていること、また、その指示のされ方が、自分の生活のクォリティを高めることになるとは信じていない。

保護者や地域の人々も、地元の学校で行われていることが自分たちの生活のクォリティを高めることになるとは信じていない。これが一般的な見解だ。このような不幸な状況を変える必要がある。生徒、教師、保護者、そして地域の人々が皆、学校で行われていることがそれぞれの生活のクォリティを高めることになると信じるようになることだ。これこそがクォリティスクールの「目的」である。

生活のクォリティを維持するということは、時に生死の問題になりうる重要なことだと理解する必要がある。というのも、人は肉体的に生きることが可能でも、孤独や無力感に耐えられないという理由で自殺を選ぶ可能性があり、おそらく生き物の中で人間だけがそのようなことをする唯一の存在である。生活のクォリティがあまりにも低く、これ以上改善される見込みもなく、存在することに耐えられないと感じたら、人間は自らの命を絶つことを選ぶ存在なのだ。

アメリカでも日本でもほとんどの学校システムでは自殺が起こっている。自殺を試みた生徒の話を聞いた研究によると、生徒が自ら命を絶つことを決めた主な原因は、自身や両親の期待に応える成績を残せなかったことだという。これは、生徒にとって、学校で行われていたことにクォリティはなかった、またはほとんどなかったと言っているのと同じだ。

もしあなたが、生徒の生活のクォリティを少なくとも維持するように教えようと思うなら（クォリティスクールでは改善することをめざす）、クォリティの意味をしっかりと把握する手助けをすることに意味があるだろう。私はまだそこまでの説明をしていない。むしろ、今まで書いてきたことをふりかえってみると、クォリティは定義するのも理解するのも難しいという印象を与えたようだ。ここからはその印象を払拭したい。クォリティ、またはクォリティの高い生活は、定義するのも理解するのも難しいことではない。

選択理論は人間には５つの基本的欲求があると提唱している。これは、拙著『クォリティ・スクール』で論じられている。これらは基本的欲求とは、愛、力、自由、楽しみ、そして生存である。これらの欲求は我々の遺伝的構造に組み込まれていて、誕生と共に我々はこれらの欲求を満たそうと行動する。よってクォリティ（上質）とは、５つの欲求の一つ、もしくはそれ以上を常に満たそうとする経験そのものだといえる。

生まれた時には、これらの欲求が何か、また欲求をどのように満たすかは知らない。選択理論の知識を学ぶ機会がなければ正確に知ることはないだろう。しかし、我々はどのように満たすかの術をある程度学ぶことになる。なぜなら、我々は誕生と共に何が心地良く、何が心地良くないかを知り、また、それら二つの違いを感じとる能力を持っているからだ。誕生してまもなく、心地良い方が心地悪いより良いことに気づく。そして、食べること、また他の生存するための行為は、すべて心地良いことを学ぶ。次に、愛されること、また愛することも心地良いことを学ぶ。そしてこのような心地良く感じる能力を基盤として、楽しむこと、自由であることの大切さを学ぶ。また、もう一つの欲求である力、これは自分、また周りで起こることに主体性「制御する力、統制する力」を持つことの重要さも学ぶ。誰もが年を重ね経験を積むにつれて、欲求を満たすには、計画性、努力、そして忍耐が必要なことを学ぶ。これらを生徒に教えることができれば、生徒は自分の人生にとって役立つことを学んだと思うだろう。

選択理論を知らなくても、心地良い人生を送ることは価値あることだというのは明白だ。また、基本的欲求について何も知らなくても、上質な人生が望ましいことだとわかる。しかし、もしあなたがクォリティスクールの教師なら、選択理論の知識、またそれを生徒に教えることは、教師、生徒、両者の生活のクォリティを高めることになる。残念ながら従来の学校では見られないが、クォリティスクールではこれこそが目的だ。この目的を達成するために、学校のスタッフも生徒も、生活のクォリティを高めることに専念する。

前述のクォリティと欲求についての説明は、理論的には正しく知るに値するが、教室で実践するには具体性に欠けるだろう。よって、実践するにあたりその方向性が間違っていないかどうかを確かめられるように、この章ではさらにクォリティ（上質）について説明し、理論の理解が深まるように努めたい。

そのために、実践に役立つクォリティの条件を6つ紹介したい。あなたがクラスで行うことすべてにこれらの条件が満たされるようになると、生徒は上質な取り組みを始めると同時に学校生活を楽しむようになるだろう。6つの条件は明確で理解しやすいものだと信じてはいるが、実際にクラスで適用していく難しさも認識している。よって、残りの章（第四章以降）は、条件を教室でいかに適用、実践していくかの手法を中心に書いていきたい。

6つの条件はクォリティスクールで行うべきことそのものと言えるので、各教室の壁に貼っておくことを提案したい。幼い生徒には噛み砕いて書く必要があると思うが、それは問題ない。貼り終えたらすぐ生徒に説明を始める。あなたが何を説明しているかは生徒にすぐに伝わらないと思うが、簡潔に説明し、心配は無用と伝える。これらの条件は、この学校がなぜ新しいかという大切な理由であるが、理解には時間がかかる、でも急ぐ必要はないと。最初の段階で教師がしなくてはならないことは、概念の種を生徒に植えることなのだ。

もし生徒が興味を失ったら、あえてそれ以上説明に時間を割く必要はない。しかし、あなたが信念を持って説明していると生徒に映っているかは確かめた方がいい。あなたがクォリティスクールでしようとしていることは、ほとんどの生徒にとって未知のことだ。

多くの生徒は反発するだろうが、反発は習慣とさえなっている。生徒は、なんとなく良いと思えても、教師に、また説明に対しても不安を抱く。生徒の生活のクォリティを高めることになることをしていると生徒が実感するためには時間を要する。これは覚悟してほしい。忍耐強さが必須だ。新しい概念を受け入れるのは時間がかかるものだ。

６つの条件は学校の職員室にも貼っておくとよい。そうすれば、学校を訪れる人たち、特に保護者の目に触れることになる。貼ってある条件を読んだ人から質問を受けても答えられるように、スタッフ全員が条件をしっかり理解することを目指すと良い。

クォリティスクールの６つの条件

１．教室は温かく支援的

クォリティスクールの取り組み（また、その結果としてのクォリティの高い上質な生活や人生）は温かく、支援的な環境においてのみ達成できる。教える側と学ぶ側に敵対関係があるところで達成されることはない。強く、親しみのある、好意的な感情を共有する関係が教師と生徒の間だけではなく、生徒同士、教師同士、そして管理者間においても存在しなければならない。とりわけ、そこには信頼がなくてはならない。自分以外の人々にも達成しようとしている大切な幸せとクォリティの高い生活があることを、全員が認める必要がある。この信頼関係が欠ければ、生徒も教師も上質な取り組みをするために必要な努力をしないだろう。他の人に話しかけると、話しかけられた側は耳を傾ける。このような能力は温かさと信頼の基盤だ。よって生徒は教師に対して、気軽にそして正直に話しかけることができるとよいし、教師もまた生徒に対して同じようであると良い。クォリティスクールでは、いかなる場合においても、誰かが誰かに何かを強要することはない。

2. 役立つことのみに取り組む

上質な取り組みとはつねに役に立つものである。生徒は意味のない取り組みをさせられるべきではない。例えば、すぐ忘れてしまうことになる「教材を丸暗記する」などは学校でしか役に立たない。クォリティスクールの教師は、教室で指示することすべてにおいてどのように役に立つのかを説明するべきだ。これはプロの教師としての責任である。教師はつねに説明をしようと努力する。よって生徒は教師を信頼し、役に立つかどうかはっきりとわかる前でも一生懸命取り組む。教室で生徒が取り組むことが、直近の生活に役立つ必要はない。しかし、審美的、芸術的、知的、社会的に、何らかの役に立つ必要がある。

仮に現実社会で役に立たないことに取り組まざるをえない場合、例えば（機械でおこなわれる）州の評価テストや大学入学のための試験は、生徒に理由を説明しなければならない。学校が州の支援を受けるため、また生徒が大学に入るために必要なのだと。これは現実社会のナンセンスだ。しかしながら、クォリティスクールの教師は、生徒がナンセンスにも応えられるように支援していかなければならない。

3．いつも最善を尽くす

上質な取り組みには時間も努力も必要だ。よってクォリティスクールの生徒は努力をするための十分な時間を与えられる。生徒はつねに、その時々において最善の取り組みをするようにと教師から言われる。これはほとんどの生徒にとって今までの経験とは真逆のことだ。よって、生徒がこのような取り組みをするまでには、相当な忍耐力が教師に求められる。教師は、学校の授業で最善を尽くそうなどと思ったことのない生徒を相手にしている。生徒は、クラスでなんとなく時間を過ごすだけで、学ぶことに関心がない。まして上質な取り組みのための努力など経験したことはないのだ。

4. 自分の取り組みを評価し、改善する

上質な取り組みは基本的に良いことであり、この取り組みがとどまることはない。デミングが言うように、クォリティとは改善され続けるべきものだ。クォリティスクールの教師は、生徒にどのように自己評価をするか教え、また、自己評価をする機会をできるかぎり与える。(これはクォリティスクールで働く教師の仕事の中で最も実践するのが難しいことだ。理由は自己評価に関する後の章でくわしく説明する)。クォリティスクールの教師はガタガタ言わずに、生徒に絶えずすべての取り組みは改善できることを伝える。生徒が初期段階で上質な取り組みをしたとしても、もう少し努力して改善するように励ます。前述したように、量より質に重きを置く。質の低いたくさんの取り組みは教育とは言えないばかりか、どのような観点から見てもそのような取り組みに価値はない。

5. 気持ちの良いもの

上質な取り組みとは、関わっているすべての人々にとって気持ちの良いものだ。学校の

授業を受けて気持ちが良いと思っている生徒がほとんどいないことは悲しいことだ。なぜなら、上質な取り組みを達成できたと評価された生徒自身が気持ち良いだけではなく、その過程に気づいていく教師、保護者も気持ちの良いものだからだ。上質な物をもらったり、買ったりすることも気持ちの良いものだが、自分が一生懸命取り組み、達成した上質ほど気持ちの良いものはない。事実、自分が役に立つと信じることに対して最善を尽くし、その結果得られる満足感に優る感情はない。また、同じように周りの人たちも自分の取り組みを認めていることがわかればなおさらだ。このような気持ち良さは欲求を満たすことからくるもので、上質を追求する生理的動機であり、上質の追求こそクォリティスクールの目的である。

6．破壊的でない

いかなる破壊的なものからも上質が達成され、改善されることはない。よって、麻薬を使用することや、人間をはじめとするあらゆる生き物、物、また我々が共有する環境を傷つけることからの〝気持ち良さ〟は上質ではない。

従来型の学校に通う生徒は、成績を受け取り始めるころには既に学校の価値に対して懐疑心を抱いている。幼稚園で感じていたような気持ち良さはなく、上の学年に上がれば上がるほど、ほとんどの生徒が学ぶことに対して気持ち良いと感じなくなっていく。また、これから起こるいろいろな噂も耳にするため、事態は悪くなるだけだと生徒は確信していく。

このような状況では、もはや生徒は教師が味方とは思わない。味方だと思っていた教師が助けてくれないという経験がさらに失望させる。「もし教師が味方だとすれば、なぜもっと味方でいてくれないのか」と生徒は問いかける。2、3年生になると、自分たちの幸せや、上質な生活などを教師は考えてくれていないと感じる。そして、生徒は教師を敵とみなし始める。中学校に上がると教師を信じない生徒の比率は増え、そして横ばいになる。高校に入りしばらくすると下がるが、これは信頼するようになったわけではない。生徒は卒業できると自信をもち、学校がもはやこわいものではなくなるからだ。

クォリティスクールにおける最初の仕事は、生徒の信頼を得ることだ。あなたが生徒に指示すること、またどのように指示するか、すべてにおいて生徒はあなたが味方であると信頼しなければならない。しかし、信頼のみでは上質な取り組みにつながらない。つなげるためには6つの条件を満たす必要がある。この条件がどんなに重要なことかを認識するには、あなた自身がクォリティスクールでどのように扱われるかが鍵である。もしプロとして扱われ、6つの条件に添って指導されるならば、あなたのプロとしての生活のクォリティはどんどん高まる。そして、生徒も同じ経験をすることがいかに大切かを実感するだろう。

このようなすべての過程には時間がかかる。最初生徒は上質が何かもわからない。それが生徒に必要なことだとわかるわけもない。でも、あなたはわかっている。もしあなたが教室で6つの条件を満たすことができれば、生徒は気持ち良く感じ、感じ続けるために学びたいと思うだろう。さらに選択理論を教えれば、生徒は徐々に「上質」が自分の求めるべきもので、あなたのクラスでそれが得られることに気づくだろう。

第四章

生徒は教師を知り、教師を好きになる必要がある

クォリティスクールの目指すものが、生徒全員が何らかのクォリティ（上質）と言える取り組みをすることだとすれば、教師であるあなたは、生徒が今よりも熱心に勉強に取り組むよう導かなければならない。ご存じのように、ほとんどの生徒は学校に限らずどこであっても熱心に取り組む習慣を身につけていない。だからこれは難しい取り組みとなるだろう。中には熱心に取り組む生徒がいたとしても、それは親を、あるいは家の誰かを喜ばせるためであって、教師を喜ばせるために勉強する生徒はほとんどいない。

生徒に勉強してもらう伝統的な方法はボスマネジメントであるが、私たちはまたこれに効果がないことを知っている。親を巻き込んだとしても、多くの場合親が子どもを強制するだけで、概ね成功しない。したがって、親であれ教師であれ、褒美や罰に依存できないなら、現在していることと違う方法、すなわちクラスでクォリティの6つの条件を満たす方法を探すしかない。本章で私は最初の条件、温かい、支援的なクラス運営に焦点を合わせたいと思う。

これをできるだけ多く幅広く説明してきたが、さらに説明しなければならない具体的な要素がある。それは生徒に今よりもはるかに深く教師であるあなたを知ってもらうことだ。人が誰かのために働くとき、そしてほとんどすべての生徒が学校では、自分のマネジャーである教師のために働くが、どれほどの努力をするかは次のことによって決まる。

1．働いている上司をどれほどよく知っているか。

2．知っていることをどれほど好きか。

リードマネジメントに対して格言があるなら、それは「人をよく知れば知るほど、そして、知った人を好きになればなるほど、その人のためにより一生懸命に働くものだ」と言うものだ。選択理論の説明によれば、私たちが好きな人（愛・所属）のためなら熱心に取り組み、尊敬している人、尊敬してくれている人（力）のためなら頑張り、一緒に笑える人（楽しみ）のためなら仕事も楽しくなり、自分で考えて行動することをさせてくれる人（自由）のためなら喜んで働き、安全な取り組みをさせてくれる人（生存）のためなら大いに働くものだ。仕事を依頼するマネジャーとの関係で、こうした5つの欲求すべてが満たされれば満たされるほど、私たちはそのマネジャーのために熱心に働くものだ。

この知識を実行に移して、クォリティスクールの教師は、生徒ができるだけたくさん教師のことを知ることができるように努力する。この目的を達成するために私が勧めるリストを紹介しよう。リストは具体的であるが、具体的でなければ、意味がない。私が言う通りのことを全く同じようにすることには期待しない。一番良いと思うやり方で自由にしてほしい。私がここに書くこと、また本書の残りで述べることは、ガイドとして利用してほしい。あなた方教師は、私にとっては、専門家である。本書に命令じみたものは不要である。

また、時間をかけてできるだけ居心地が良い取り組みをして欲しい。私が本書で述べることは、どのようにするかの方法ではなく何をするかに力点を置いている。時間をかけてゆっくり取り組むように言う理由がある。教師があまりにも熱心に、あるいはあまりにも早く進めると、生徒はそれを押しつけがましいと感じ、あなたの誠実さを疑ってしまうかもしれない。また、生徒はこの新しいやり方に慣れていないため、教師の大きな努力を、強制と感じてしまえば、教師の努力は報われない。こうした提案をあなたが教えるときに取り入れられたら最善だろう。リストにある、あれやこれを自然にわかりやすく話せばチャンスがやってくる。あなたはこの機会をしっかりつかむべきだと思う。

私がお話しすることは、やり過ぎと思う人もいるかもしれない。というのも、これまであなたを教え、あるいは上司として関わった人々は、私がここで述べるようなことをしたことがほとんどなかったに違いない。しかしそのようにした教師もいる。こうした教師のために生徒は一生懸命勉強しただろうし、のちのち懐かしく思い出すと思う。これは確実に私の場合に当てはまる。教師が時間をかければ、このような提案を取りこむことはとても楽しいことに気づくであろう。クォリティスクールでは教師が楽しんで教えることが重要である。生徒に教師を知ってもらうと、生徒もお返しとして、自分たちのことをさらに話してくれるようになる。生徒がそのようにしてくれると、教師と生徒の間の親近感が増し、上質の第1条件を満たすことになる

最初の数週間、教師が生徒と関わっているときに、次のことを生徒に話す機会を見つけると良い。

1. あなたは何者か
2. あなたが大切にしているものは何か
3. 教師として生徒にしてほしいことは何か
4. 教師として生徒に何を頼まないか
5. 生徒のために、何を教師はするか
6. 生徒のために、教師は何をしないか

これからリストしたことを一つ一つ取り上げて、なぜそれぞれを私が重要と考えるか、その理由を述べよう。しかしながら、このリストに限定される必要はない。教師と生徒がお互いをより深く知ることができ、お互いをより好きになると思うようなことがあれば加えると良い。

あなたは何者か

私たちの欲求を満たすのは人であるので、私たちは誰でも人に興味を持つ。私たちがテレビを見る理由は、普通なら不可能と思えるような方法で人々を目にしたり、耳にしたりできることだ。もしこのような人々が、良い人でも悪い人でも、有名人であれば、こうした人々の人生についてたくさんのことを知ることはできない。そして、私たちが個人的に知っている人をテレビが映すことはまずない。もし私たちが知っている人がテレビに出るということになれば、その番組を見ようと特別な努力をするだろう。仮にあなたの学校の校長がテレビに出るとしよう。あなたは特別な努力をして、校長の言うことを聞こうとしないだろうか？　さらに、校長があなたの思いもよらない校長の若い時のことを告白したとする。例えば、校長が15歳の時に、問題行動をたくさん起こして、少年院に送られ、そこで支援をうけて更生したたという話だったとしたらどうだろう。

あなたと校長との関係は、このあと何かしらの変化が起こりはしないだろうか？　それも良い方向に変化するのではなかろうか？　問題を起こす生徒に対処している時に校長が忠告してくれたとしたら、似たような問題を若い時に抱えていて、それを克服した校長の言葉にもっと耳を傾け、前よりも校長を尊敬するのではないだろうか？　校長は以前よりも、より人間的に感じられないだろうか？　大人になってからは、子どもの時に比べて対処の仕方は豊富で、すぐれていることを知っておいてほしい。あなたは経験を積み、世慣れしているかもしれないが、それでもあなたの校長のような大切な人について自分の知らなかったことを新たに学ぶ機会をありがたく思うだろう。

子どもたちは経験が少ない。ほとんどの子どもは、共に生活している人のことでもあまり知らない。それ以外の人についてはもっと知らない。上級生やその担当教師などについては、ほとんどの場合、何も知らない。知らないまま、生徒はほんの少しの情報を基にして、教師であるあなたの間違ったイメージを形成するかもしれない。私たちは皆生徒の時に同じ経験があるのではなかろうか。街の外に行く遠足などのように、非日常的な状況の中で、教師のことをたくさん知って、生徒たちは教師への見方を完全に、たいてい良い方向に変えたりしたものだ。たいてい生徒たちは自分たちに指示を出す人々のことを知りたいと強く思っている。しかし、ほとんどの人は明かさない。

あなたの生徒たちは統計的な情報に関心がある。例えば、教師の年齢、未婚か既婚か、子どもがいるのかいないのか、いるとしたら子どもの年齢は？　教師は母親、父親、祖父母がいるのか？　戸建ての家に住んでいるのか、アパートか？　教師の運転する車の種類は？　さらに、生徒は教師がどんなことに興味を持っているか知りたがっている。教えること以外に何をしたことがあるか？　好きなテレビの番組は？　どんな音楽を好んで聴くのか？　食べ物で好きなもの、嫌いなものは何か？　このようにリストに終わりがないかも知れないが、教師が話を長くしなければ、教師にとってそれほど重要なことでないことでも、生徒たちは大喜びするだろう。

あなたが大切にしているものは何か

私たちにとって最も興味深いことは、人々が何を大切にして生きているかを知ることであるが、教師が大切にしているものが何かを知らない。教師は口だけでなく実践しているか。実践していないなら、なぜか。例えば、子どもが問題行動を起こしたとき、あるいは宿題をしなかったとき、あるいは部屋の掃除をしていなかったときどうするか。教師は本を読むのか。何を読むのか。クラスに特別に好きな本を持ってきて、その一部を読んで、なぜそれほど教師にとって重要なのかを説明するのはどうだろうか？

世界で起きていること――例えば、街で起こっている暴動――をどう思っているか？　何かをする機会が与えられたら、それについて何をするつもりか？　教師は両親の意見と違うのか、夫婦の間での意見の相違はあるのか、そして、意見が違ったときはどうするのか？　教師は選挙に行くのか。誰に投票するかを決めるためにどんなことをするのか？　成績は重要だと思うか？　重要でないとしたら、学校でより重要なものは何か？

ここでもリストに限りはないが、教師が何を大切にしており、なぜそうなのかは、生徒にとっては尽きない興味なのだ。クォリティスクールでは、とても尊敬している教師であるあなたのような人から得た情報を基に、生徒たちは自分たちの意見を作り上げていく。責任ある大人をあまりよく知らないまま、あまりにも多くの生徒たちが、偏見を持ち、間違った情報を持つ人々から得た情報、あるいは正しい情報のないまま、自分たちの意見を形成している。生徒たちが自分たちの意見を構築するために、教師が考えること、また、なぜそう考えるかを知る必要がある。自分が教えている地域の標準に照らし合わせて話さない方が良いと感じたら、語らない自由もある。しかしながら、生徒たちは、少数派の意見をどのように伝え、またそれを守る方法も学ぶべきである。しかし、あなたがこれを示してみせれば、生徒たちは他の誰からも学べないようなことを、たくさんあなたから学ぶことになる。

あなたは話す代わりに、あなたの少数派の意見を一つの例として提示したいと思うかもしれない。例えば、あなたは何も、あるいは誰も殺すべきでないと信じているとする。これは死刑に反対する立場となるが、あなたは、肉を食べ、目には目を、歯には歯を、という報復を信じている地域社会に住んでいる。あなたは肉を食べないと説明する。なぜと質問されたら、動物のような高等な生き物を殺すことに反対であり、そして野菜や乳製品だけを食べて良い人生を送れるのだと信じている、と説明する。死刑についてさらに質問されたら、人間を含む高等な動物を殺すことにはすべて反対だと答える。しかし、あなたの意見が唯一だとは言わない。他に受け入れられる意見があると思うが、これが自分の信じているものだと言う。

生徒たちが何を信ればよいかを見つける方法を教えてくれと聞いて来たら、確実な方法はないが、多くの人に受け入れられている方法、親や教師の意見を聞くとか、学校で学ぶ偉大な人物の著作を読むとかの方法はある、と言う。最終的には一人一人が、自分で考えなければならないが、教師としてクラスではこのような教え方をする。なぜなら、これがあなたの人生の生き方だからだと説明する。

最後に、もし私があなただったら（これが私の信じていることで、クォリティスクールの教師は全員、分かち合ってほしいと願っている）、私はクラスで説明する。そして状況次第では再度説明する。同じような状況はよく起こるもので、何よりもあなたが強く信じていることは、だれも他の人を見下してはならない、ということだと説明する。（本書の後半で私が評価について述べるように、デミングは「人は誰でも他の人を公に評価してはならない」と信じていた）学校の内外で、人々が体験するほとんどの問題や軋轢《あつれき》は、他人を見下すことに起因している。学校は力をベースにした生徒と教職員からなる小集団とグループでできていて、力の欲求を満たすという終わりのない争いがあり、クォリティの高い取り組みが誕生するのを不可能にしている。クォリティを達成するためには、調和と尊敬がなければならない。他に方法はない。

教師として生徒にしてほしいことは何か

クォリティスクールでは教師が生徒に何をしてほしいと思っているかを知らせるべきである。生徒を決して驚かしてはいけない。次章でこのことはもっと詳細に述べることにするが、書籍『クォリティ・スクール』の中である程度触れている。私はここでまとめをし、あなたのクラスに話す最善の方法について説明しておきたい。最初に、生徒にして欲しいと頼むときに、教師自身が実践しなければ、生徒に何をしてほしいと話すことも意味がない。例えば、時間に遅れず教室に入り、勉強する準備をするように頼むなら、教師自身も時間通りに教室に来て、授業を始める準備をしていなければならない。教師が生徒にこの部分はテストに出る、あるいは出ないと話したら、その通りでなければならない。例外があってはならない。

クォリティスクールでは、教師は生徒を罰したり、侮辱したりしないが、これは起こった問題に対して何もしないということではないと話す。教師は生徒に、どんな問題でもその大小を問わず一緒に解決することをお願いすると話しておく。教師は生徒に、個別、小グループ、あるいはクラス全体で問題解決に取り組むようにお願いする、と伝える。教師が生徒のためにするというよりも、生徒たちが自分たちの問題を自分たちで解決することにより関心があると話す。学校の目的は、生徒が学んだことをどのように使うかを教えること、そして生徒はこれができることを教師に見せることを望んでいる、と告げることだ。詳細については、これまで書いてきたところで説明しているが、とても重要なことなので、本書ではさらに詳細に述べることにする。

教師として生徒に何を頼まないか

あなたの生徒のほとんどが従来型の学校から来ていると考えれば、変化が起こったらすぐに、その変化が何かを説明する。つまり、これまで学校で求められていたことと違っているようだとわかれば、教師であるあなたはこれまでの教師と違うと理解されることになる。例えば、準備ができていると確信したら、クォリティスクールには脅し、罰、忙しいだけで意味のない勉強などはなく、役に立たないものを学ぶように求めることはない、と明白に具体的に説明する。

本書を読み進めれば従来型の学校では前例となっている多くのものに気づくであろう。これはクォリティスクールの一部ではないし、こうしたルーチンのない生活に慣れてきたら、それらが何かを生徒に説明する。生徒たちは徐々にこれまでの学校とこの学校との違いを学び、感謝するようになる。生徒は教師をよりいっそう信頼し、教師の威信は増大する。

生徒のために、何を教師はするか

生徒が教室にやって来る限り、教師は自分ができる方法で、もし可能なら生徒が望むような方法で支援する。教師は生徒の友であり、つねに生徒の側に立っている。どんなことがあっても、生徒と敵対してはならない。例えば、何かの答えを得るのに、あるいはより良い結果を得るのに、もっと時間が必要なら、時間を与え、家に帰ってからしてもいいし、図書館でしても良いと話す。質問があれば質問に答えるか、答えられる誰かを紹介する。もし生徒が改善するためのアイディアがあれば、教室の中でもどこであっても、時間があれば耳を傾ける。生徒にいつでも関わることが教師の仕事であると考える。しかし生徒たちは、教師が数人の生徒と関わっているあいだ、静かに勉強することで教師を支援しなければならない。

生徒が自分の人生で何らかの問題を抱えたら、教師は生徒の力になるようにする。しかし、生徒の力になれるほとんどのことは学校に関することに限定されるだろう。教師は生徒に何曜日の何時ごろなら家にいるので、生徒でも親でも電話で話せると話しておくのも一案である。生徒と教師が良い関係であれば、生徒はこの特権を悪用することはないだろう。

生徒たちが話し合う必要があると感じたら、それを申し出るよう勇気づけ、教師はクラスミーティングを開く。教師はクラスにいて、生徒たちの話し合いをサポートする。決してボスのように振る舞ってはならない。教師はまた、決して脅さない、罰しない、どんな時でも人を馬鹿にしない、と伝える。同時に教師は完全ではないと告げる。教師が口で言っていることと矛盾することをしていると生徒が気づいたら、恐れずにそれを教師に話すようお願いする。そして教師は説明するか、変えるかの対処をする。これをするときに、教師は生徒に、問題が起こったら、助けが必要であると告げるのを恐れてはならない。生徒は恐れなく助けの手を差し出せるようでなければならない。教師が必要としている助けの手を生徒が伸ばしてくれたとき、生徒の分際で、と考えてはならない。仮に教師の気分が悪ければ、少しブツブツ言ってしまうかもしれないが、決して生徒を罰してはならない。クラス内で罰はなく、それでも問題は解決されなければならない。

また教師は、親または保護者に連絡をとり、生徒が取り組んでいるクォリティの高い成果に至るものとして、生徒がクラスで何をしているかを見せ、分かち合うつもりであると知ってほしいと話す。さらに、親の助けを得ながら(教師は親の手助けを必要としている)、生徒がクラスで学んだことを地域社会に紹介し、活用する方法を企画したいと思うかもしれない。校外に出て学ぶと良い。裁判所に出向き公判を傍聴する。裁判官に質問して、裁判所の仕組みを少し説明してもらう、など。

教師が親に知ってもらいたいことは、学ぶということは講義を聴く、本を読む、試験を受ける、あるいはたくさんの役にも立たない強制された宿題をする、これら以上のものであると教師が信じているということだ。親の助けと協力を得て、クォリティに向かう取り組みには何でも心を開いている。有益で意味あるものなら生徒と共に取り組むつもりである。学校で学ぶものは生徒の人生で役立つものである。こうしたことを生徒に教える、と親に知ってもらう。

生徒のために、教師は何をしないか

教師は生徒に代わって問題解決をしたり、答えを教えたりしない。生徒が自分で問題の解決を考えられると教師が信じれば、生徒に何をしなさいと言うことはない。教師はたくさんの時間を割いて、生徒が自分の取り組みの成果を評価できるようにする。生徒が一度これをすることができるようになれば、教師は生徒が自己評価をすることを期待し、教師や他の人に自分の取り組みについての自己評価を擁護するよう求めるつもりだ。ほとんどの生徒は、つねに教師に自分たちがしていることをどう思うかと聞き、他者評価を求める教育環境を経験してきた。教師はこれを変えてほしいのだ。生徒が教師の意見を聞いてきたら、意見を述べても良いが、生徒自身が自分の意見を述べ、どうしてそう思うかを説明したあとなら意味がある。人生で成功するためには、自己評価をし、結果の改善をしなければならないと説明する。他人の評価に依存してはならない。

私がここで述べたことは、生徒が教師を知り、信頼する助けになると思う。私が話したようにしていくうち、ここに書かれたこと以上に、教師と生徒がお互いを知るのに役立つことを、たくさん見つけることができるだろう。教師はまた非言語の伝達の仕方、例えば肩を叩く、ジェスチャー、支援的な顔の表情などがあることに気づくだろう。私が話している主要なポイントは、生徒が教師を知り、生徒のクォリティの追及を応援している姿勢が伝わるようなことは何でもする価値があるということだ。教師が目指す目標は、生徒が教師を十分に知り、教師について生徒が知ったことに好感を持ち、家族以外の人で教師こそ最も親しい人だ、と感じるようになることだ。生徒は教師のことをつねに思い、生徒の上質世界の前と後ろに教師のイメージ写真を生涯にわたって掲げるようになると良い。教師はこれ以下で満足してはならない。

第五章

クォリティスクールの教師は役立つスキルを教える

あなたが生活の糧のために働くとき、客が求めているものを作っていても、あるいはサービスの提供でも、多くは頼まれたことの有用性が見えるはずだ。まれなことであるが、あなたがするように求められたものが、例えば、私がかつて軍の実験室で来る日も来る日も繰り返したように、誰も興味を持たないようなものだったら、あなたはすぐに居心地が悪くなるのではないか。この居心地悪さを引き起こしているものは、役に立たないことをしていては力の欲求を満たせない、ということだ。

しかしながら、仕事が完全に役立たないことということはまれだ。むしろある仕事は他の仕事よりもより有用である。別の言い方をすれば、ある仕事は他の仕事よりもクォリティの高い製品やサービスを生み出す。したがって、ビジネスの世界で私たちが注目しているのは、役立つ以上のもの、クォリティはどうかということだ。競合的な価格がついていてもクォリティが高ければ高いほど、それを達成している組織はより成功しているし、従業員の雇用はより安定している。特によく管理されている企業では、従業員は勤勉に働き、クォリティを追求することが自然にでき、雇用の安定以上のものが得られている。クォリティの高い製品とクォリティの高い人に関わるときに喜びが生まれてくる。

従来型の学校にはそのようなやる気は見られない。生徒の多くがそれほど学ばなくても、教師の仕事は安泰であるが、教える喜びが感じられない。教師が咎《とが》められない程度のことをしていては、クォリティの高い取り組みから得られる喜びを経験することはほとんどないだろう。この良い気分が感じられなければ、教師は今以上の取り組みをしようとしない。

デミングにとって、生徒と教師がどのように感じているかはとても重要であった。彼は次のように述べている。「学校のシステムは、幼稚園児以上の生徒たちが学ぶ喜びを見出し、成績や金星（評価）から生じる恐れから解放され、一方、教師は自分たちの取り組みを楽しみながら、ランクづけからも自由になる。これが教育のシステムの一要素であるべきである。このシステムは生徒たちの違いを認め、教師たちの違いも認めるものである。」5

生徒が学ぶ喜びを体験すべきということは、従来型の学校の関心事ではない。生徒に強制して全く喜びを感じさせない丸暗記作業、例えば、テストの数日後には生徒や教師も忘れてしまうようなものを暗記させることは、無意味なことだ。私が軍に入った時のボスマネジメントという管理の方法の一つで伝統的に行われていた罰は、地面に穴を掘り、その穴をまた埋めるということを繰り返させるものだった。それに匹敵するようなことを学校はしている。軍にいた時のモットーは、「命じられたことを、有益かどうかを考えずに実行しろ！」というものであった。学校は軍隊とは違って、問題行動を起こす生徒だけが罰を受ける。生徒は全員役立たない課題を押し付けられ、しなければ罰を受ける。従来型の教育システムでの大きな問題は、有用と言えない課題を生徒にさせようとし、生徒の動機づけに一貫して失敗していることだ。人の欲求を満足させることが全くない課題をさせるのは無理だ。これをボスマネジャーは理解できないようだ。有益でない課題をあまりにも多くやらされるという苦痛からくる気力喪失を体験した生徒たちは、作文や数学のような有益なスキルを学ぶことすら拒絶することになる。

したがって、クォリティの第2条件に従えば、つねに役立つことであること、そして第5の条件は、つねに気持ちの良いものであるので、クォリティスクールでは教師も生徒も役立たないことをするように求められることはない。求められていることについて、教師もしくは生徒が疑いを持てば、教師も生徒もそれを表現するように言われる。校長が教師に有用性について説明すれば直ちに教師は生徒にも同じように説明する。すべての教師（そして管理者）は、選択理論を知っていて、役立つ課題だけが生徒のやる気を引き出し、クォリティの高い取り組みを生み出すことを知っている。クォリティスクールのめざすものはクォリティであり、これこそが強力なやる気を引き出すことができ、喜びこそが原動力である。

クォリティスクールでは、教師の仕事は、生徒に求められている課題は役立つものであることを、時間を割いて説明することだ。言うのは易しいが、はじめは難しいと教師は感じるであろう。それは教師がしたくないからではなく、教師の多くにとって新しいことだからである。あなたがK‐12学年の生徒だったとき、あなたのために説明してくれる教師は、いたとしてもほんの一握りであったに違いない。従来型の学校で専門家である教師として、このことの重要性に気づき生徒たちに説明してきたかもしれないが、クォリティスクールと違って、あなたが教えていた学校ではそうするようには要求していなかった。あなたがクォリティスクールで教えることを受け入れたら、あなたが教える生徒にすべての課題は役立つものであることの説明をすることが求められている。本章は、あなたがそうするのに役立つものであり、あなたが恐れるほど難しいものでないと確信してもらうために書かれている。

スキルと情報

私たちが役立つことについて話すとき、生活で使うスキルと、情報の違いを区別しなければならない。スキルはつねに役立つが、情報は生徒が有益と知るとき、もしくはそれを記憶することは価値があると生徒が理解することで有用となる。スキルと情報の違いは明らかで、スキルはあなたが用いるもので、情報はあなたが知っているものである。例えば、書くスキルは生徒が生涯にわたって使うものである。ネパールの国旗がわかることは情報で、時に少数の生徒が使うかもしれないが、このようなことを生徒全員に教えようとするのは無駄である。

情報を記憶することに意味があると説明するには、人生で何かをしようとするとき役立つだろう、というものだ。しかし、この情報は使うためのスキルと強く結びつかない限り、これはまず当てはまらない。例えば、細胞のパーツは細胞生物学者にとって非常に重要であるかもしれないが、高校ではこの同じ情報を暗記しているかどうか毎年テストされ、一握りの高校生を除けば、すべての高校生にとって苦痛以外の何物でもない。生徒は生物学に興味を持たないで、この無意味な教え方の共通の結果として生物学を嫌いになる。これは生徒に細胞の基本などのことを教えるなということではない。生徒に暗記を求めないで、使える生物学をたくさん教えることはできるはずだ。

今は文化的に文学に通じる人になるよう、生徒に強くすすめることが人気である。そして書籍は生徒が知るべきことについて書かれている。しかし、クォリティスクールの教師は、生徒を文学に通じる文化人にしようとして、たくさんの情報を強制的に暗記させることをしない。むしろ、教師はディスカッションや読書を使い、また、強制的でない宿題「家族で話し合ってみよう」を通して、私たちの文化について知る価値のあるものを生徒に学んでもらう。知っていると役立つとわかれば生徒が記憶する確率はとても高くなる。一方、教師が暗記させようとすることを、生徒が覚えている可能性はほとんどない。

しかしながら、生徒は役に立たない情報を学ぶよう求められているだけではなく、罰という脅しを使って学ぶように圧力がかけられている。生徒にとって役に立たないものを覚える努力を拒否すれば、悪い成績や落第点をつけられて罰せられる。何世紀にもわたって強制的に覚えることは教育の重要な要素とされてきたが、この破壊的な伝統を維持するために高い代償を払ってきたものだ。グーテンベルク（訳注：印刷技術の発明者）の前までは重要であったかもしれないが、そのあとは違っている。

クォリティスクールでは、生徒に無理やり覚えさせることはしない。これは生徒の人生を上質にしないだけでなく、多くの生徒たちを学校嫌いにさせてしまう。クォリティスクールは基本的なスキルに焦点を合わせる。基本的と呼ばれる理由は、ほとんどの生徒が十分知っていてそれを学びたいと思っているからだ。すべての生徒にとって、基本的スキルである、話す、読む、書く、計算する、そして問題解決をするスキルは、十分に学ぶ価値がある。こうした生活スキルは世界で良い人生を送るために必要なもので、生きていくために食料や住居が必要であるのと同じである。

クォリティスクールでは、以下の4つの分類の一つかそれ以上に当てはまらない限り、情報は教えない。これらは教師と生徒の両者にとってすべて理解できるもの、そしてつねに受け入れられるものである。重要性を順番にリストすると、以下の分類である。

1．情報は直接生活のスキルにつながっている

例えば、生徒は次のような事実に遭遇すべきである。文法は書くとき、話すスキルを学ぼうとするときに重要な要素であるという事実。九九の表は、数学の問題解決のスキルを学ぼうとするときに、計算の役に立つという事実。さらに北と南のような方角は、地図を読むスキルのために重要であるという事実。このような情報は丸暗記する必要はない。スキルが使われるときに身につくものだ。そしてクォリティスクールでは教えられたスキルは頻繁に使われる。生徒がどれほど脅されても、生徒が使わない情報は忘れられていく。

2. 生徒が学びたいと言った情報

クォリティスクールで頻繁に持たれる教師と生徒のディスカッションで、生徒がある特別な情報を学びたいと言ったなら、教師はそれを教える最善の取り組みをするか、あるいはどのように調べれば良いかを生徒に伝え支援する。

3. 教師が特に役立つと信じる情報

例えば、教師が、ウイリアム・シェクスピア（訳注：イングランドの劇作家・詩人）とその作品について学ぶのが有益であると信じれば、教えることだ。ある情報を覚えることに大きな価値があると教師が強く信じれば、たとえ最初は生徒にとって外国のものであっても、教師の信じることを生徒に伝えることができただろう。そして生徒は学びたいと思うだろう。逆に、教師は、教える価値があるとは思えないことを（専門家として教えることを強制されても）教えない手もあり得る。

4. 大学進学のために求められる情報

歴史の年号、地理の河川は、たいして教育的有用性はないが、大学入試で求められるかもしれない。クォリティスクールでは、このことを生徒と誠実に話し合い、大学への進学以外には有用性がなさそうなものをどのくらい努力して学ぶか、教師と生徒は一緒に決めることになる。

教えるスキル

クォリティスクールの小学校で、5つのスキルをどのように教えることがベストか、本章の残りで述べようと思う。この5つのスキルはすべての教育の土台であるので、カリキュラムの核となるものだ。こうした5つのスキルを教えることがすべてとか、あるいは小学校に限るものという意味ではないが、始まりは小学校であろう。次の第六章では、スキルと情報の両方を中学校でどう教えるかを説明する。

中学生になるまでに、読む、書く、計算する、話すことで上手くなりたいかと小学生に聞くと、ほとんど全員が「はい」と答える。それから、新聞が楽しく読めるようになりたいか、良い手紙を書きたいか、計算ができてモノポリーのようなゲームをしているときに起こる日々の問題を解決できるようになりたいか、就活の面接のためにうまく話せるようになりたいか、と尋ねると、全員が「はい」と答える。これほど多くを学びたい生徒を教えられるのは、クォリティスクールの小学校であろう。しかしながら、私たちの目標は、生徒全員がこうしたスキルを使って何らかのクォリティと言える取り組みをすることにある。

読む

専門家である教師として、あなたの生徒が何を読むかを考えるのは教師であるあなただ。例えば、教科書はどのくらい生徒が読むべきか？　教師が価値あると考える教材は何でも使って良いと思うが、本を読むことに重点は置かれるべきである。これは私の提案である。そのうちしっかり話すことを生徒に教えるものとして、何が読みたいかを生徒と話し合うこともできるが、最初は教師が生徒に読んでためになると思うものを提供し、1年生のクラスでは読み方を教える。生徒がどう読むかに興味を持ち、読み続けるためには、生徒に読んで聞かせるのが一番良いと研究結果が示している。1日に1時間程度の時間かもしれないが、どのくらいの時間、そして一度にどのくらいかは、教師であるあなたが決めることだ。

書籍の重要性を強調するために、クォリティスクールの小学校教師は、生徒の力を借りて、教室の中に図書コーナーを作ることを考えても良い。生徒が自分たちの図書をすぐに利用できると、書籍は他の方法では得られない価値を持つ。こうした図書コーナーのための書籍を見つけるためには、地域に住む人々が所蔵して埃《ほこり》を被っている書籍の中に、生徒たちに適したものがあるので、それを寄付してもらう方法もある。高齢者の住む近所を巡ってみると、子どもたちが巣立ったあと、使わなくなった書籍があるはずだ。図書コーナーを作るのに良い方法だ。あなたの生徒たちは、保護者の援助を受けて、図書コーナーのためにどのようにして書籍を集めるかを教えてもらう。これは、効果的なコミュニケーションのスキルを磨き、自分自身を売りこむ良い機会となる。

寄付された書籍、あるいは借りた書籍は、学年末には返却するとの約束をつけた預かり証をクラスで作成し、求められれば貸してくれた人に提供する。生徒はこの企画に取り組んで、寄付や貸付はお金が不足しているときの、よくある問題解決法であることを学ぶ。可能なら、地方新聞、ラジオ、テレビの支援を受けて、みんなの努力を公表する。あなたの生徒たちの助けを借り、近隣にポスターを貼り、特定の週末には教師と生徒（生徒は親の助けを借り）が近所を回って書籍を集める、と公表する。

それらの書籍が寄付されたものなら（ほとんどが寄付だと思うが）、寄付をしてくれた人にレシートを作って手渡すこともできる。確定申告時に経費控除の対象にできるし、このことを生徒に話して、税金の事、そして慈善事業に寄付すれば得られる特典について教えることもできる。もし書籍が貸し出されたものなら、持ち主の名前を書いて、別の棚に保管する。小さな子どもであったとしても、図書係、または担当者を任命して、書籍の貸し出し状況を確認する有益なスキルを学ぶことができる。子どもたちに話すスキルを教えるために、読後感を口頭で発表するか、読んでとても良かった書籍を他の人に話して読んでもらうようにする。教師はこの図書コーナーの存在を大きな達成とするべきである。これは子どもたちに文学という現実世界を紹介することになる。自分たちが持っていない書籍、例えば、教科書や学校図書館から借りた書籍よりも、自分たちの書籍となっているものに生徒たちは興味を持ちやすい。

興奮を引き起こす可能性のある提案がある。地域に住む作家を招いて、書くことについてクラスで話してもらう。作家は自分の書いた書籍の中から学校に寄付をしてくれるかもしれない。ほとんどの作家は、このような機会が得られることを望んでおり、場合によっては実現可能である。教師は地元のケーブルテレビ局に連絡を取り、子どもたちがクラスの図書コーナーから借りた書籍について話し合う場面を、30分程度取材してもらう企画も考えられる。テレビに出た友人を見ることは、子どもたちの注目を集める良い機会となり、これが本を読む雰囲気をよりいっそう醸成することになるだろう。クラスの図書コーナーは学校図書館の分室となり、全教師は各クラスの図書コーナーを見てまわることを勧める。こうしたことは、すべて生徒図書係と連携するとよい。

クラスの図書コーナーは生徒が協力して創り上げるものであるが、生徒たちに所有するという貴重な体験の機会を提供するだろう。従来型の学校では、生徒たちが何かを所有しているということを考えることすらない。生徒たちにとって何もかもが教職員と学校が所有しているというのが現実だ。私たちが所有していないもの、そして取得する権限がないものは、所有しているものに比べて誰の目にもクォリティと見られない。クォリティスクールで目指しているものは、生徒たちにこの学校は君たちの学校だと話し、可能な限り、学校についての決め事に参加してもらうことだ。クラスの図書コーナーは、この学習過程を始める素晴らしい実例となる。

私が再度強調しておきたいことは、私がここで提案し、他に示唆するものを正確に実行するというよりも、あくまでも例としてとらえ、クォリティスクールでは教師が自分で有用なものを考え出してほしいということだ。役立つスキルを教えることに集中するという考えが身につけば、あなたの生徒が本と読書に関心を持つための他の多くの方法を思いつくだろう。

書く

私が書くことについて話すとき、読む価値のある何かを書くという意味である。買い物リストを書くというのは、もちろん生徒に身につけてほしいことであるが、私がここでいう「書く」とは違うものだ。手で書くよりも易しいので、クォリティスクールでの「書く」はほとんどPCのワープロ機能を使うことをお勧めする。学校のコンピュータ室とは別に、各クラスには少なくても1台のコンピュータがあり、生徒が馴染む機会を作る。このPC機能のために他の書くという手段がすべて廃れてしまった。教えられたものは時代遅れとわかるほど、生徒が無関心になるものはない。あなたが好きでも嫌いでも、真面目に「書く」

ことをするためには、(そして、クォリティスクールでは「書く」ことほど重要なものはない)ペンや鉛筆は時代遅れである。

生徒たちは1年生から簡単なワープロの使い方を教えてもらい、書くことを促される。学校に十分な数のコンピュータがなければ、保護者や祖父母と連携して、近隣で生徒に使わせてもいいコンピュータを持っている人、あるいは教えても良いという人を探し出す。必要なら、夜間は使わないコンピュータを持っている会社と連携して、大人の監督のもと、1週間の1日か2日、書くために使わせてもらうことも企画できる。あなたの生徒が使える十分な数のコンピュータを、いかに調達するかを考えるほど優先順位の高いものはない。

生徒は興味のあることは何でも書く、それもたくさん書くことを勧められる。手紙、劇、物語、自伝、さらには本すら、書く価値のあるものとして推奨される。生徒が独自のものを書くことに興味を持つようにするにはどうするかは、専門家である教師が考えることだが、生徒が取り組み始めることは難しくなさそうだが、始まってからやめる方が大変だろう。クォリティスクールではテストのほとんどは書くことを求められるので、生徒たちはうまく書きたいと思うだろう。テストを作るためにコンピュータを使えば(テストのためにコンピュータ室は予約しておく)、生徒にこの機会を提供できる。

クォリティスクールが目指しているのはクォリティで、書いたものを推敲するのはコンピュータならとても容易である。生徒にコンピュータを使わせないでクォリティの高い成果物を生み出す方法を私は知らない。コンピュータは書く以外にも他の多くの目的のために用いられるが、とりわけ書くために最も必要とされる。すべての生徒が書くことを学び、他のことでもコンピュータを使うために、コンピュータをよく知っている生徒（ほとんどの学校にはコンピュータに長けた生徒、それも教師以上の生徒がいるものだ）を募集して他の生徒にスキルを教えてもらうこともできる。学校は、保護者、大人のボランティア、専門知識を持つ高校生などからボランティアを募集しておいて、必要なときに声をかけることも可能だ。

計算する、数学

クォリティスクールでは計算することを教えるのも学ぶのもやさしい。生徒は正しい答えが得られる問題解決の体験を好むので、計算問題も好むはずだ。生徒が好きでないのは、従来型の学校で計算力を試験されるときによく起こることであるが、問題を解く方法を知らないこと、あるいは間違った答えをして、馬鹿にされることなのだ。クォリティスクールでは、前の章でわかりやすく説明したように、生徒は学校にいるのは学ぶためであることを知っていて、学びは時間で計るものではなく、生徒はどんなことがあっても馬鹿にされないし、教師はすべての生徒が学ぶ力を持っていると信じている。

このことを教えるにあたって、まず計算を教え、それから数学を教える。これ以上に分かりやすいものはない。簡単な計算をする自信のない多くの知的な大人に私たちはいつも遭遇するが、数学を無理やり喉の奥に詰め込んで、その上窒息しそうになると罰を与える。これが従来型の学校システムの産物である。本書の後半で詳細に述べるように、生徒は小さなグループで問題を与えられ、助けが必要なら自分のグループの誰かにまず質問し、次に教師助手に、そして最後に教師に質問するように言われる（第十章で生徒の中から教師助手を募集する方法を説明する）

小学生は、足し算、引き算、掛け算、割り算、小数点、パーセント、分数、のような主たる計算を学ぶべきである。½から⅒のようなよく使われる分数を学び、それから1/12と1/16に進み、教えられたら、テストも受ける。他のすべての分数は、小数点とパーセントで処理される。もっと複雑な分数を学びたい生徒は、その取り組みは奨励されるが、クォリティスクールでの役立つ必須課題ではない。小学校で学ぶ上記の計算は、代数のような高度な数学を必要としない私たち大部分にとっては十分である。しかしながら、代数から先の数学は、中学校とその先の学年ではカリキュラムの主要な教科になる。

生徒は計算から始めるが、落第することはないと告げられる。そのうちすべての教科に当てはまるが、計算と数学では、強制的な宿題や試験はないと告げられる。小さなグループに属して学んでいる生徒が、計算の仕方を身につけたと信じると、手を挙げて、教師、または指定されている教師補助（生徒、またはボランティア）に、順を追ってどのようにして自分が取り組んだか、例題を解く方法を「見せて話す」。生徒は一つのやり方を修得したら、すぐに次の課題に取り組み始める。学ぶための十分な時間が与えられ、ズルをしたいと思う理由もなく、忍耐して励ましてくれる教師や教師補助に、自分がどのように問題を解いたかを説明する機会が与えられている状況で、すべての生徒が立派に計算することを学ぶことになる。

生徒は、計算のスキルを身につけ数学に進むが、初期段階であるので、まだ代数でも従来の数学でもない。計算の能力を使って現実生活で遭遇する問題解決の能力を身につける。代数のような高度な、または典型的な数学は、生徒が計算のやり方をすべて知るまで、あるいはそれぞれの計算の仕方に組み込まれて学ぶまで、始まらない。どちらの方法が良いかを決めるのは教師である。私がここでお勧めするのは、その有効性が証明されているものの、単なる提案に過ぎない。こうした提案と同じ程度良いもの、あるいはよりすぐれた方法で、多くの教師がこの教科を教えることができると私は確信している。

私が話している数学は、伝統的には応用問題と呼ばれている。調査研究によると、私たちは多くの生徒に計算能力をしっかり教えていることがわかっている。しかし、こうした生徒たちはこの能力を現実の問題解決に活用する方法を知らない。例えば、ある広さの部屋を塗るのにどのくらいの塗料が必要か、あるいは平均的なサイズの書籍を500冊収納する本棚をつくるのにどのくらいの木材が必要かに活かせないでいる。実際に、クラスにある図書コーナーで、どのようにすれば書籍を収納するために必要な書棚を作れるかを計算すれば、現実問題の解決の良い例となる。クォリティスクールでは、生徒に所有感を持ってもらうために、生徒は、学校がどのように財政援助を受けているか教えられ、教師に払うお金はいくら、建物の暖房費はいくら、等々を計算するには、簡単な数学の知識が必要だ。

数学の教科書は、計算すること、そして簡単な数学を生徒に教えるのに役立つと思われている。また、多くの小学生向けの数学の教科書はよくできているものだ。問題は、良い教科書の使い方が悪いことだ。こうした教科書から数学の問題を出す他に、地域の人々に、小学生が解けるような数学の問題を作ってもらうと良い。これがなされれば、地域社会は、生徒が学ぶべきことを学校で学んでいないと苦情を言うことができなくなる。地域社会に住む人々で関心を持っている人は、学校の教師に数学の問題解決で何が必要かを話してくれる。そこで、教師も同意すれば地域社会の人々に生徒が「見せて説明する」ことで、生徒が知るべきことを知っていることを示せる（生徒が実際に知っていることをクォリティスクールではどのように評価するか、については第九章で扱う）。

話す

生徒が自信を持って文法的に正しく話せるように支援することは、現実世界では最も報われることだ。これを達成するための最善の方法は、生徒が個人的に、あるいは小グループで取り組んでいるときに、たくさんの時間を割いて生徒たちと話し合うことだ。生徒が話をし、教師が励まし続ければ、生徒たちは自分たちの話し方を自然に改善するようになる。生徒の取り組みの中で、生徒の文法的な話し方を指摘して改善を促すこともできる。

教師はそうしながら、文法を学ぶ目的は、言おうとしていることを鮮明にできると説明する。文法を実際の使い方から分離して教えようとすると、生徒は文法を学ぶ意味を理解せずに、文法を煩わしいことと見る傾向がある。

生徒が話すことに興味を持つ最善の方法は、生徒の言おうとしていることを熱心に聞き、興味を持っていることを示すことだ。そうしながら、クラスミーティングをたくさん開き、すべての問題を話し合い、それを解決しようとすることだ。ミーティングを使って問題解決の計画を立て、生徒全員に話す機会を与える。沈黙している生徒には優しく接して、彼らの意見を求めることも大胆にする。例えば、次のように言う。「ジョン、しばらく黙っているけど、どう思いますか？」これで話すようにはならないかもしれないが、彼の方に目を向けていると、彼は教師が本当に聞きたいと思っていることに気づき、話すようになるだろう。

クラスですることに加え、生徒が地域の人に話さなければならないプロジェクトに関われるようにするのも良い。もう述べたことであるが、クラスの図書コーナーのための書籍収集は、これをするには理想的な方法であろう。これは個人営業のやり方で、クラスで擬似体験をしながら学ぶことができる重要なスキルである。一人の生徒が家の所有者（もしくは借家人）の役を演じる。他の生徒が書籍を集めている役を演じる。教師は、親の役をする人を呼び入れても良いし、教師が家にいる住民の役をしてもよい。これを小グループで体験して、実際に派遣する前に何度も練習してもらう。生徒が実際にしていることは自分を売りこむことだ、と説明する。生徒にしっかりした人だという印象を与えることができれば、たくさんの書籍が集まるだろう。

問題解決

数学を学ぶ目的は、計算できるようになることであるが、明らかに問題解決に役立つ。初期段階で生徒に実際の問題を解決するスキルに触れる機会を体験してもらうとよい。問題解決の核となるのは、情報を理に適った方法で使うこと、そして情報を集める目的はその情報を使うことにあると生徒に教える。問題を作るよりも、また書籍から引き出すよりも、今の地域社会にある問題を使う方がより賢明である。しかし、生徒が興味を持つ問題は、どんな問題でも取り上げても良い問題となるだろう。

ここロサンジェルスは普段水不足の状態で、全地域住民に水の節約が要請される。このような問題を使って、問題解決のスキルを生徒に教えることができ、地域の問題を解決するのに生徒はどんなことができるのかという考えに慣れてもらうこともできる。例えば、生徒は水をどのように節約できるかを考えてもらい、学校で学んだことを実行することができる。生徒たちは、学校で使った水の量を表示している水道メーターの読み方を教えてもらい、どのようなやり方が最も効果的な水の節約になるかを学ぶ。生徒たちは学んでいることを図やグラフにする方法を学ぶことにつながる。そして、コンピュータのできる生徒を探して、コンピュータを使って種々の方法でグラフ化することを教えてもらうことはどうだろう。ここから生徒たちは、自分たちの家やアパートで同じように水道メーターを読み、グラフ化することも可能となる。話し合いやディベートの機会を設け、意見の相違を述べ、専門家を呼んできて水の節約について学ぶこともできる。

生徒たちは、また、近隣を訪問して、自分たちが学校で学んだことを説明して、家でどのようにしてこの節水を実践するかを話すこともできる。こうすれば生徒たちは、問題解決と話すスキルの両方を使うことができる。ここまで述べたことは、現実世界にあるクォリティスクールの教師が、生徒にスキルを学んでもらう単なる例にすぎない。このような取り組みは、地域社会で教育をもっと人気のあるものにすることになり、現実社会と学校で学ぶものとのあいだに今あるギャップを埋めることにもなる。

第六章

中学校では役立つ情報を教える

小学校を終えて中学生になると、ほとんどの生徒がたくさんの情報を暗記するよう求められる。地理学では州と州都を暗記し、科学では岩石と天体、生物学では鳥類、消化液、細菌、歴史学では戦いの場所と年月。社会学では憲法の条文、政府組織など、私たちはこれらの情報を暗記した。なぜなら誰かがずいぶん昔にこれは有益であると説得し、学校はそれを受け入れたからだ。私たちがそれを学んだとき、誰も暗記の重要性を信じさせる説明をしてくれなかった。例えば、生徒が「凄いぞ！　これはとても有用なので、私の一生涯を通して忘れないつもりだ」と言ったことを聞いたことがない。記憶力が良ければ、しばらくは覚えているだろうが、時間の経過と共にほとんどすべては忘れ去られる。

学ぶ努力をして記憶する情報は、価値があるものなのか？　私は多くのことを学んだが、今は覚えていない。しかし覚えていることもある。教えている教師のことが特に好きなら、課題について考えて、クラスで話し合う価値があると思う。当時私はこの教師（女性）が好きだったので、彼女のために暗記した。私が今でも依然としてこの経験について記憶していることは、とっくの昔に忘れ去ってしまった情報ではなく、彼女は私に学ぶことが好きになることを教えてくれた。彼女が実際教えた内容ではなく、彼女と共にした体験がとても価値あることだった。

成功するためには文化特有の多くのことを私たちが暗記する必要がある、と主張する地域の人々がいる。クォリティスクールの教師は、そのような人々に対応しなければならない。彼らに対して、私たちの文化はとても早い速度で変化しているので、将来何が価値ある文化なのかの判断は困難であると指摘しなければならない。私たちには将来の展望は予想もつかない。私が今日講演でシャングリラ（架空の楽園）と言えば、若い人がたくさん「何？」という顔をするのが見える。私が若かったころ、架空の国としてとてもよく知られていたので、共通の知識でなくなるとは思いもよらなかったが、現実にはそうなっている。文化に残るためには、欲求充足し続けなければならないが、生徒にどの知識が強制的に暗記させる価値があると、誰が判断するのか？

記憶中心の学習で、欲求充足するかどうかを判断するための良い質問は、「それを今、あるいは近い将来に使えるか？」である。例えば、ハードロック音楽について読むとか聞くとかすると、私は救い難いほどの無知であることがわかる。しかし、今のところ、自分の欲求を充足させないものを学ぶ努力をしたいとは思わない。誰一人としてその価値を教えようとしてくれた人はいなかったが、私の欲求を満たさないとは断言できない。私が尊敬する誰かが、私に楽しみ方を教えてくれたら、それを学ぶ努力をするかもしれない。私たちが記憶するよう求められるものは、今もしくは近い将来、役立つものでなければならない。そうでなければ、どれほど強制されたとしても、学ぶ努力をしようとはしない。

第五章で説明したように、小学校では生徒が5つのスキルをしっかり身につけ、教えられる情報はほとんどつねにこれらの有用なスキルに関連していることが最も重要である。クォリティスクールの中学校では、知識はいつも使えるスキルと関連づけられて教えられるべきである。クォリティスクールの中学校教師は、より困難を覚えるであろう。なぜなら、小学校で教える場合は、教えるスキルが重要となるが、中学校はそれ以上に、伝統から距離をおく教え方（伝統に抗う教え方）が求められる。しっかり教えられた物理、化学、そしてすべてではなくてもある部分の数学は例外として、生物、歴史、地理、政治学、外国語、文学の教科の教え方、そしてその試験には、情報の暗記が求められているからだ。

例えば、地理学では生徒は、河川、海洋、山脈、断層のような地殻形成などの表面的なことの暗記にほとんどの時間を費やしている。生徒がこうした情報を覚えて、教科書を伏せたままの伝統的な客観テストをパスすれば、教科の単位を取得し、良い成績すらもらうことができる。伝統的な教師がこの情報が生徒の実生活にどのように役立つかを教えようとしても、成績をつけるときは暗記の能力に重きが置かれ、暗記された情報を使う能力は加味されない。

試験が終われば、暗記した情報を維持することには少しも関心が払われない。例えば、生徒がSAT（学力テスト）の試験を受ける前は、ほとんどの生徒は、以前暗記したことがあるが、忘れてしまったことを暗記しようとして忙しくしている。SATが終わると以前より早く忘れてしまう。情報の穴を掘り、数日後にその穴を埋めるという悲しい作業だ。教師にとって、生徒が学んだ情報を使う能力をどのように身につけているかを評価するよりも、生徒が何かを暗記しているかどうかを評価する方がはるかに易しい。しかし私が最後の章（161ページ）で説明したように、このように教え、評価することはあまりにも悲しいことで、教師も生徒も共にやる気が削がれ、教育は疲弊する。教師は有用さを念頭に教えること、そして評価することにこれまで以上多くの努力を求められるが、得られるクォリティと教える喜びは、自分が努力した以上のものとなる。

中学校のクォリティスクールでは、何かを暗記することは求められない。生徒が、情報を細胞のパーツのように、今か将来、あるいはいつか、人生でどのように使えるかを教えることが強調される。これまでに述べられたように、これはしっかり教えられた数学、物理、そして化学で実践されているので、私が述べていることは全く新しいことではない。しかしながら、今、中学校で教えられているものの大部分が「暗記」コースであるが、「暗記」コースの教師は、これまで経験したことも実践したこともないことを学ばなければならない。あなたが受けた大学教育でさえ、経験したものの多くは、有用なものではなかっただろう。教師が有用性に焦点を合わせることもなかったので、あなたはこれを自力で学ぶしかない。かなりの努力が必要となるだろう。このような方法で教え、評価することを身につけることは、おそらく、クォリティスクールの中学校教師になるのにあたって最も難しい部分かもしれない。

スキルをベースにしたカリキュラムで教える最善の方法は、自分が教えようとしていることと現実社会とを関連づけることだ。例えば、生徒も含め私たち全員は、1日の出来事に興味がある。つまり、ニュースだ。なぜなら私たちは自分たちの人生に結びつけることができるからだ。ＡＩＤＳやＨＩＶはほとんど毎日のようにニュースになっている。この興味深い情報から始めて、生徒にＡＩＤＳについて教えれば、医学生物学という学問の窓を開くことになる。これはすべてごく基礎的な事実で、聞いて忘れる人はいないし、誰かが暗記しなければならないことではない。例えば、生徒全員がセイフセックスの実践者ではないかもしれないので、自分たちがしなければならないことを忘れることはないだろう。

あなたが教えるときに、あなたが興味あることを強調する。鳥類に興味があれば、生物学を教えるときに鳥類に焦点を合わせる。教師が好きな作家がエドガー・アラン・ポー（訳注：アメリカの小説家、詩人）であれば、英語を教えるときにポーの著作を教える。南北戦争のあと、黒人が人権を勝ち取った黒人問題に興味があれば、それを教え、さらに歴史の典型として歴史が繰り返すことも教える。生徒があなたを欲求充足できる教師として受け入れていれば、教師が興味を持つものに、生徒も興味を持つ可能性は高い。私たちは自分が敬愛し尊敬する人の興味に関心を抱き、自分自身も同じ興味を持つことが多い。教えたいものがあれば、何を教えるべきかを心配する必要はない。生徒があなたを覚えている限り、あなたが専門家として価値があると思う情報を生徒は学び、あなたのクラスの一員であることから益を得たと言える。

生徒たちの興味を尊重しなさい。生徒たちと話し、どんなことに興味を持っているかを見つけようとすることだ。それから生徒の興味に沿って教えようとすれば良い。いつものカリキュラムの一部であるものに、生徒たちが興味を持たなくても失望することはない。何に興味を持っているかを尋ねて、別に何にも興味がないという答えが返ってきて、虚《うつろ》な感じがしても驚くことはない。

生徒が従来型のシステムの高校に行くころまでに、ほとんどの生徒は大人が自分たちの興味に関心がないことを知り、すっかり諦めているので、何に興味を持っているか、というあなたの質問にすぐに応答できないでいる。あなたは推測するか、あるいは自分の興味があることを話し続けるかすれば、生徒はこの学校は少し違うとわかり、追いついてくる可能性がある。あなたは生徒が何を知りたいかに本当に興味を抱いていることを伝え続ける。が、生徒たちに興味があると大人が言っても、生徒は懐疑的かもしれない。そしてこの懐疑心が取り去られるまでは時間がかかるだろうが、そのうち自分たちの興味があることを話し始めるだろう。もし、生徒が知りたいと思っていることについて、さらに教えることができれば、彼らの興味を掴んだことになる。あなたがそうしたときに、あなたが教えることはすべて彼らの興味となる。クォリティスクールになる決断がまだできていない学校で本章を話し合っている教師であれば、お互いに口にしていることが聞こえてくれる。「この著者は狂っている。世界のどこにも、この著者が言っていることをさせてくれる学校なんかないわよ」。私は狂ってはいないが、あなたは正しい。私が言ったことを教師が自由にできる学校は、ほとんどどこにもない。クォリティスクールがとても少ない理由はここにある。米国にクォリティの高い工場や、クォリティの高いサービスがほとんどないのと同じだ。

　クォリティはリーダーシップ次第だ。教師のようにほとんどの従業員や下級マネジャーはボスマネジャーであることに慣れきっている。たくさんの先例を挙げられたらいいと思うが、先例となるような学校は存在しない。本気でクォリティスクールになり、本気でクォリティの高い教師になろうとしているあなたが先例を作るのだ。あなたの学校の管理者たちは、あなたが新しいシステムに移行する後押しをしてくれる。私のアドバイスはこうだ「この機会を掴みなさい。そうしなければ、好機を逃すことになる」。

第七章

クオリティの高い学習

クォリティスクールが何をめざしているかを見失ってはならない。めざしているのは、生徒全員が上質な学習に取り組む学校だ。これを達成させるためには、生徒が教室で良い気分で学習することが必要だ（気分が良いというのは、上質の5番目の条件だ）。教師が教え、生徒が学ぶときに、上質の条件の1～4を実践していれば、教師と生徒が良い気分を達成することになる。具体的に上質の条件を次に述べよう。

1. 生徒は教師を知っており、教師が学習環境を整えてくれていることに対して感謝している

2. 教師が出す課題はつねに役立つものであると生徒は信じている

3. 生徒は多大な努力をして課題に取り組む気持ちがある

4. 生徒は自分の課題を自己評価し、改善する努力をしている

教師がこうした上質の4条件を取り入れることができても、すぐに多くの生徒が上質な取り組みをするようになると期待してはならない。このような高いレベルの勉強を考えたことのある生徒はほとんどいないし、ほとんどの生徒は人生ではじめてクォリティの高い学習に取り組むことになる。教師の仕事は生徒を励まし、この努力を続けて、クォリティの高い学習からくる喜びを体験させることだ。これには忍耐が必要だ。教師はガミガミ言っているとか、脅すような姿勢があると見られてはならない。生徒がクォリティの高い学習を志す前に、教師は生徒に「上質」について考えてもらい、身の回りにある「上質」なものがどんなに気分をよくするかに気づいてもらう必要がある。

そのためには、教師は性急にならず、自然に生徒が興味を持つ「上質」が話題になるのを待つことだ。たとえば、教師か生徒のほとんどの人が観て、多くの人が気に入った映画を話題にしたとき、「上質」について話し合うための導入に使える。生徒は「上質」が何かを知っているが、学校に結びつけて考えてはいない。教師が教室で「上質」について話すように促せば、学校（生徒にとっては教師が学校）と「上質」を結びつけて考えはじめる。クォリティスクールの初期段階では、生徒にとってこれは必須の新しい考えである。

この話し合いのあとで、どの学年を担当していても教師は、「見せて話す」時間を設定してもよい。その時間には、生徒が「上質」と思えるものを何か教室に持って来て、見せるか、実演する。例えば、音楽のＣＤ、ペットの写真、芸術作品、装飾品、収集品、骨董《こっとう》品《ひん》あるいはその写真、または詩の作品など。生徒を励まして、友人や教師を指名させ、その人が自分にとって「上質」である理由を紹介させるのもよい。

クラスによってはこのアイディアは失敗するかもしれない。まずやってみて、評価して、何を学んだかを理解すると良い。「上質」について生徒に考えてもらうもっと良い方法があったら、教えてほしい。他の学校にもそれを伝えたいと思う。

教師であるあなたをもっと知りたいと思っている点を活かして、教師は自分のしたことで、上質と思えることを生徒に紹介し、それを達成したときにどのように感じたかを話すこともできる。このように、ソクラテス手法を使って生徒と話し合い、あなたのしたことで、何が「上質」と思えるものだったかを生徒に推測してもらうことができる。生徒に「これはあなたにとって上質な取り組みだと思うか?」と聞いてみることもできる。生徒が興味を抱いていたら、さらに話し合いを進めて、ある人にとって上質なものが、なぜある人にとってはそうでないのかを話し合うと良い。

生徒が「上質」というアイディアを把握したと思えるようになれば、生徒に少しだけ「上質」と思える取り組みをしてみないかと伝える。教師のあなたが求めているのは、この取り組みに対する教師の評価ではなく、生徒たちの評価だ、と伝える。「わたしは生徒に取り組みを見せてもらい、なぜそれが『上質』だと思うか、その説明を知りたい」と話す。

自由に時間をかけていい、と生徒に話す。急いではいないし、いつでも支援したいと思っていることを伝える。

私の想像では、ほとんどの生徒が達成しようとする、最初に見られるクォリティの高い学習は、これまで書いたものよりもはるかに優れた文章を書くことだ。文章を書くというのは、良い手始めの課題だ。クォリティの高い文章を書くことは、人生の成功に最も高い相関関係を持つ学問的技術の一つだ。そう私は思う（もう一つはクォリティの高い話し方だ）。文章を書くということは、はっきり見えることなので、話し方よりも始めやすい。

良い文章が書けることは成功につながる。なぜなら、そのために生徒には、読む、理解する、考える、評価する、そして自分の考えを明白にすることが求められるからだ。生徒がこれをものにしたと自覚すると、知的な自信が生まれ、能力を身につけたという感覚を持つようになるが、このように感じる生徒がいないというのが現状だ。私は6年間にわたって300人を優に超える高校生と深い話をしてきたが、私の見解はこうした経験に根ざしている。

もしあなたの生徒が、高校もしくは中学校で、最初のクォリティスクール体験をしていたら、数年にわたって書く経験をしているので、多くの生徒が書くことはかなりうまくできると思っているだろう。生徒たちがクォリティについて話し合いをして、「普通」とか「まあいいか」というレベルとはどんなに違っているかに気づいたなら、今まで書いたことのなかったクォリティレベルの文章に気づいて驚くことだろう。生徒たちが以前のものよりも明らかに優れたものを書けたときに、驚きと感嘆の混じり合った感情を経験して、これまで学校では体験したことのない良い気分を味わうことだろう。クォリティの5番目の条件に従って、生徒たちはもう一度そのような気分を味わいたいと思うようになる。あなたの目指しているのは、この最初の少しばかりのクォリティなのだ。一度達成されると、クォリティへの過程が始まる可能性が出てくる。

これを実現させるためには、教師が生徒に評価を促すことが必要だ。これがクォリティスクールでの最初の経験であれば、生徒が意識して目的を持って評価を促された最初かもしれない。これまでの生徒の体験は、良い成績点をもらい教師や親を満足させることであり、そのあとはもう考える必要がなかった。伝統的な生徒の倫理基準は、「できるだけ早く済ませて、欲しい成績点をもらい、先に進む」というものであったが、自己評価こそ唯一これを乗り越える方法だ。

生徒の書いたものを生徒自らが評価することの重要さを教えるために、教師はどのようにするかを例示することもできる。そして、すぐれた作家が書いた短い興味深い文章の一部を示すか、教師自身の書いたものを示すのも良い。例示された文章にも問題箇所があるほうが良い（すぐれた作家でも完全ではない）。その文章を生徒と一緒に読み、少し話し合いをし、生徒に文章の問題箇所に気づいてもらう。その文章をどのように改善できるかを黒板に書き出す。最初はあまり強く押さないで、ただ生徒全員がこのように修正すれば良くなると気づく程度で良い。意見が食い違っても、クォリティへの道は一つしかないということではないと説明する。改善することは重要であるが、改善への道も幾つかあり得る。

　翌日、生徒に新しい文章を例示して、生徒を二人一組のチームにする。それぞれのチームが協力してもっと改善点を見つけ、どのような文章にしたらもっと良くなるかを話し合う。何人かの生徒、あるいはすべてのチームに、見つけたものと改善したものを発表してもらう。教師が達成しようとしているアイディアは、私たちは、他の人が書いたものを教材にして、評価と改善を自ら学ぶことができるということだ。

　生徒がこの経験をしたあと、教師は、生徒一人ひとりに短い文章を書いてもらう。生徒が興味を抱いてもっと書きたいと望むなら、それは良いことだ。教師はトピックの準備をしておくことだ。生徒が自ら興味深いトピックを見つけることは期待しないことだ。教師の出したトピックが好きでなかったら、別のものを書いてもいいと生徒に伝える。このように対応すれば、生徒はまごつかなくて済み、同時に生徒の自由の欲求を尊重するので、クォリティ教室で採用すると良い。

これはレベルの高い課題なので、初日には無理をしないようにと、教師は生徒に伝える。もっと続けたいと思っているあいだにやめてもらい、次の授業まで待てない人は家で続けて良いと話す。こう伝えることで、宿題とは自分が何をするかを決めるもので、強制ではないことがわかる。こうして生徒は、自分の時間を使ってクォリティの高い勉強をする機会なのだと理解する。生徒にはスペルや文法は、それほど重要ではなく、興味深いことを表現することのほうが重要なのだと伝える。

生徒が家で取り組む場合、親の意見を採用しても何の問題もないことを伝える。しかし、教室では教師にあるいは教師助手に、その文章がなぜ良いと思うかの理由を話すことが求められると知っておいてもらう。親の手助けを得たとしても、それがどうより良くしたかを理解していれば、クォリティが身につくからだ。文章を集め、読み上げるが、成績はつけないで、文章を書くための大まかなレベルを把握することだ。

次の日に、文章を生徒に返し、二人一組になるように告げる。生徒は相手の書いた文章を読み上げ、相手の文章を改善できると思うことがあったらなぜそう思うかを相手に伝える。相手が同意するかどうかを聞いてみる。それから教師は、指摘されたことを取り入れて、お互いが書いた文章をどのように改善できるかを話し合い、書き直してみるように告げる。教師はそれをもう一度集め、読み上げて生徒たちがついてきているかを確認する。この文章についてはそれで十分かもしれないが、まだ取り組みを続けたければ、そうしてもらう。

これらの文章に成績をつけてはならない。成績をつけるとこの学習過程は止まってしまう。なぜなら、生徒は自分自身のクォリティを判断するのではなく、教師のつける成績をめざすようになるからだ。教師が求めているのは改善であって、元の文章をどれほど改善したかの判断は、教師がするのではなく、生徒自身がすることが重要だと話す。

私はこれ以上書くことに躊躇している。私が説明したいのは、この過程をどのように始めるかが重要だということだ。クォリティは偶然の産物ではない。これまでになかったことが始まるのには、長くゆっくりとした過程が必要なのだ。クォリティは、これを理解しているリードマネジャーによって、注意深く育まれていかなければならない。あなたはより良いアイディアを持っているかも知れない。これまで私が述べてきたことは、次のようなステップを含む枠組みを提供するものだと考えている。

1. クォリティとは何か十分話し合い、生徒がクォリティとは何かを良く理解するようにする。
2. 生徒が有益な課題とみなし、課題に取り組む価値があると考えるような宿題を考える。短い文章を書くというような技術から始めるのが良い。
3. 生徒に宿題は自分たちで真剣に取り組み、クォリティと思えるものにするよう話す。
4. クォリティと思える宿題に成績をつけない。良い成績をつけると、生徒はこの程度で良いのだとそれ以上の取り組みをしないし、悪い成績をつけると生徒は落胆して取り組むのをやめてしまうからだ。
5. 生徒にさらに改善するよう話し、その手伝いをする。他の生徒、もしくは教師または教師補助に、改善したと思われる理由を生徒に説明してもらう。
6. 初期段階では改善が見られれば良しとする。クォリティの追求を前面に出さない。改善することの価値を一度理解すれば、クォリティはついて来る。

このクォリティをめざす取り組みを作文のような技術から、科学のような教科に移行させるためには、教師は気象とハリケーンに焦点を合わせるような単元を使うことを考えても良い。その単元をどのように教えるとしても、上記のステップに従って、ステップ1から始め、クォリティについての話し合いをする方が賢明であろう。それから教師は天気について話し合う時間を作り、生徒に天気についての知識は役立つと、説得する。教師のやり方はさまざまで、地域の天気予報士のビデオを見て、4人一組のグループにし、それぞれのグループに天気予報のビデオ作りをしてもらうのもよい。

創造的かつユーモアのある取り組みを推奨し、同時に天気の予報をするだけでなく、その説明をするよう求める。生徒たちは学校で企画のかなりの部分をすることができるが、製作そのものは自宅ですることができる。これをするためのビデオカメラはたくさんある。地域の気象予報士を教室に招き、資源提供者として関わってもらうこともできる。この気象予報士がビデオを気に入ってくれたら、何人かの生徒はテレビ局に呼ばれて、出演を要請されるかもしれない。

生徒にとって大切なことは、学校は基礎をカバーする所という考えから、クォリティの高い課題をこなす所へと変化することだ。クォリティは主として協力することで達成できるので、教師は生徒同士が助け合い、教師や他の人の支援を遠慮なく受けるように話す。

クォリティは自分だけでする過程から生まれるのではない。助けを求めることは何も恥ずかしいことではない。生徒一人ひとりが自分の取り組みを改善するので、競争は自分との競争だ。デミングは皮肉を込めて言う。「競争は問題を解決する。競争は私たちにとって、そして誰にとっても最善である。競争は人生につきもので、これからもそうである。経済学者はそう考え、私たちはそう惑わされてきた。そうではない。私たちはこれをいつ学ぶのだろうか？」6

第八章
アカデミックでない技術を教える

体験から言える明白なことは、「私たちの教えることを学べ。そうでなければ罰を与えるぞ」という従来のやり方を変えようとすると、基本的な学びをなおざりにしていると責められる。本書ではこれまで主要教科の学習を強調してきた。それは私がそれを重要と信じるからだけでなく、クォリティスクールの創設にケチをつけられたくないからだ。従来のやり方では主要科目の成績も望ましいものではなく、惨めと言えるほど失敗している。卒業する生徒の半数以上は学力が低く、ほとんどの生徒はクォリティと言える学業成績に到達していない。しかし、このような批判は学校の管理者や教育委員会を恐れさせる。予想される批判をかわすために、私は最大の努力をしてきたと自負している。

今は、多くの学校がクォリティスクールを目指しており、私に対してとても友好的になって質問もしてくるようになった。「美術、職業訓練、学校対抗運動競技は、クォリティスクールではどんな位置を占めているのですか?」など。学校対抗運動競技についてはここでは扱わない。従来の学校では通常スポーツ領域ではクォリティのレベルは高いし、それを目指しているからだ。ボスマネジメントでなくリードマネジメントを使っているコーチは、多くの試合で勝利する傾向がある。考えるに値することではあるが、勝っても負けても少数の生徒に影響するだけで、多くの生徒の将来に大して影響しない。この第八章では美術、演劇、職業訓練に触れよう。これらの領域はクォリティスクールの一部であるうえ、人々の人生に関わってくるからだ。

従来型の学校でも、こうした技術に生徒が触れ、興味を持つ生徒はかなり深く掘り下げて追求できる。良い従来型の学校では運動競技以上に、こうした芸術教科での取り組みが生徒のクォリティ体験の場となることだろう。

大変嬉しいことに1992年の夏、サンタモニカの一高校のオーケストラが、オーストリアのウィーン世界大会で最高の演奏であったと認められた。こうした生徒にとってこの出来事は、忘れられない質の高い教育体験であったことは間違いない。

美術、音楽、演劇の領域で言えることがある。真剣な取り組みがクォリティを追求することになることは疑いない。しかし、従来型の学校で、こうした追求をするように言われたとしても、誰もクォリティを追求しない。それどころか大勢の生徒は数学や歴史のような主要教科を勉強しなさいと強制さえされる。少数の例外はあるだろうが、生徒は主要教科を真剣に追求しようとはしないし、クォリティと言える取り組みをする生徒はまずいない。数学や歴史はたとえ中途半端な学びであっても、芸術よりもより重要なものだと、ほとんどの人は考える。これは不幸なことだ。なぜなら現実社会では、芸術の分野での仕事が大変多いからだ。娯楽産業領域に芸術があり、これが最も大きな輸出対象となっている。にもかかわらず学校ではこうした教科が低く見られている。

クォリティスクールについて何が違うかといえば、主要教科が芸術に比べて概ね重要であるというのではなく、生徒が追求するのが主要科目であれ芸術教科であれ、強調されるのはクォリティであるということだ。生徒が学校から得る最も大切なものは、個人的体験から来る確信である。何を選択するとしても、生徒はクォリティを目指す。これが従来型の学校では欠けている。この欠如の理由の一つは、芸術を通してクォリティを追求することの大切さを簡単に学んでもらえるはずなのに、そのような機会を与えていないことにある。

間違っているかもしれないが、賭けてもいいとさえ思っていることがある。米国サンタモニカ高校のオーケストラの若い部員の多くは、主要教科でも成績はよかったのではないか。なぜならクォリティの高い音楽グループに所属していて、クォリティを追求する意味を知っていたからだ。お金の節約のために音楽プログラムを廃止する学校が多いなか、それは主要教科で成績の良い生徒の数が少ない現実にさらに拍車をかける。そして成績の良い生徒数をいっそう減らすことになるだろう。

芸術、特に音楽と演劇はどんな役割を果たしているのか？　人々を無理なく協力する仕組みに触れさせている。デミングの言葉を引用すると、「偉大な仕組みは偉大なオーケストラだ。何が偉大にさせるのか？　良い奏者？　もちろん。全国一？　必ずしもそうではない。良き奏者であれば良い。そして彼らは一つにまとまっている。奏者一人ひとりは、他の１３９人を支えるためにそこにいる。主役としてそこにいる奏者はいない。……オーケストラが偉大なのはそこに協力があるからだ」7。　主要教科と芸術教科でこれを達成するのは、リードマネジメントで関わる教師の仕事である。しかしクォリティスクールでアカデミックでありながらより上質な仕事をするためには、生徒同士が協力しあうことを学んでいかなければならない。多くの生徒にとってこれを体験するための簡単な方法は、芸術を使うことだ。

芸術（描く、塗る、イラスト）そのものを、協力する方法で教えることができる。私はたくさんの教室を訪れた。壁画に取り組む生徒が協力しあって、彼ら自身の望む結果を得るよう教師は働きかけていた。歌いながら、音楽を奏でながら、演劇は衣装、セット、音楽、照明、大工、演技、読書（作品選びのために）が必要で、はたまた自分たちで劇を書き上げ、ディレクター（良きマネジャーである）がすべてをコーディネイトする。これには教育のすべての要素が関わっていて、とりわけ学校演劇は概して傑出している。発表されるすべての部分にクォリティが表現される。したがって、演劇はクォリティスクールではよく上演される。演劇に取り組むことでクォリティとは何かについて多くのことを学べるからだ。

芸術に関していえば、伝統的な学校とクォリティスクールとの違いは、生徒全員が芸術に関与するようになることだ。このためにより多くの努力がクォリティスクールでなされている。音楽、美術、演劇、さらには実用的な芸術は無視されないし、過小評価もされない。教師が身につけていないスキルがあれば、学校は地域の人材を探す（クォリティスクールで地域の関与を求めることについては第十章で触れることにしている）。教師は全員自分たちの持つ芸術的教育技術を活用することが求められる。予算が許すなら例えば音楽特別講師を招くのも良いだろう。それができなければ、既存のスタッフの才能を活かすことになる。ほとんどの教員がより多くの才能を持っており、教師の持つ才能が明らかになれば、できるだけ多くのクラスを担当してもらえるようスケジュールを組むとよい。

芸術と主要教科とを結びつける努力をする。演劇は特に結びつきやすい。また、数学の場合、音楽や詩的リズムとの結びつきで有用である。描画は歴史と一緒に教えることができる。世界史を教えるときにドラマ化されればより偉大な芸術となる。科学、人類学では、フランスの洞窟壁画を紹介できる。こうした結びつきは、私が知る以上にたくさんあるであろう。より多くのつながりがあれば、生徒のクォリティの理解が深まるであろう。芸術ではクォリティの追求が明白に強調されるが、またこれは主要教科にも必要な要素である。

職業訓練の技術

生徒に卒業までに履修しなければならない主要教科の有用性について尋ねると、ほとんど全員がこうした教科は現実社会では役立たないと言う。有用だと答える少数の生徒でも、直接有用であるとは答えない。これまでどの生徒も卒業後に高校での歴史、代数、文学、あるいは科学をいかに役立てられるか答えられなかった。生徒たちは、このような教科は大学に進むために必要であると言う。あるいは卒業証書は就職に有用であると答える。大学にしても、就職にしても、どちらも生徒の現実社会での現実問題である。これについて異議を唱えるものはない。伝統的な学校が１００年以上取り組んできたことであり、通常の機能なので変えることができないと受け入れられてきた。

有用性とクォリティを強調することでクォリティスクールは、多くの生徒たちには大学や就職のためのとても良い切符に見えるだろう。不幸なことに依然として、より良い将来への切符と見られているが、将来のことではなく高校生としての現実生活そのものに有用なものである。学校は将来のためだけでなく今現在の生活に良いものだ。これを今まで以上に多くの生徒にわかってもらうためには、有用な主要教科を教えるだけでなく、それ以上のことをする必要がある。私がこれから述べることは劇的なことであるが、クォリティスクールで私たちのしていることはこれまでと違っており、はるかに良いことだという事実に生徒の注目を集めたい。そのためには、何か劇的なことをする必要がある。そのうち、すべての高校の一部になることを願っているが、小さな規模ではクォリティスクールをめざす小学校、中学校にも見られるようになることを願っている。しかしながら、ここでは高校に限って述べよう。それが自然に思われるからだ。

多くの生徒は、優秀な生徒であったとしても、私たちが生きていく上で生活の一部にさえなっている諸問題の解決方法を知らない。親が実践で見せてくれる幸運な生徒でなければ、配管工事がどんなもので、どのように修理するかを知らないまま過ごすことになる（私は幸運だった。父と父の親友が役立つ多くのことを教えてくれた）。こうしたスキルや情報は、学びたいと思っているすべての生徒に教えるべきだ、と思っている。

このアイディアはいかがだろう。毎年、あるいは1年が短かったら隔年で、クォリティスクールは古い家屋、あるいは小さな古いアパートを購入する。そして学校の企画として、できるだけ多くの生徒（生徒は全員何かをする機会が与えられる）に関わってもらって、改修工事をするのだ。そして1年後か2年後に、改修工事を終了して売却する。利益は材料費、コンピュータ、実験器具、そして生徒と教師が必要と思うものを購入する。

この企画に必要なお金は地域の銀行の融資で賄う。リスクがないので、申し出が断わられることはなかろう。改修後の価格は2倍に跳ね上がっているだろう。保険に入るなどの問題はあっても、地域がこの教育的な企画のために結束すれば解決しないものはない。

工事監督のできる教師が必要となるが、子ども好きの退職した熟練工はどんな地域でも探し出せる。募集が知れわたると、資格のある人の応募が学校に殺到するだろうし、地域の職業組合が喜んで教えてくれ、かつ作業の監督もしてくれるだろう。地域のメディアが飛びつきそうなニュースなので、この企画はすぐ知れわたることとなり、仕事をするのに加え、生徒はこの企画に初めから終わりまで従事するので、さまざまな実践的領域で深い学習をすることになる。

例えば、夏の企画として、一つのグループは家を探し、銀行に行って融資の交渉をする。秋の企画では、別の大きなグループは、設計、設計図、そして建築許可を得ることに関わる。他のグループは道具や材料を購入し、必要な改築について学び、内装を考え、装飾、戸外の庭を設計する。週末には役割を交代して家が売れるまで家の中にいる。高校に四年（訳注：米国の高校は四年制が多く、日本の中学三年生が、米国では高校一年生に当たる）いるので多くの仕事を交代で担当する。卒業するときは、従来の学校であれば主要教科だけの学びであるが、クォリティスクールでは現実社会のことをたくさん学ぶことになる。

熟練工、教師、助手は、家が売れて利益が出たら分け前にあずかる。関係者は仕事を請け負うときに、同意した取り分のパーセント以上のものを要求しないと同意しなければならない。学校が損失を被ることはない。このように支払いをすることで良い仕事をする気持ちも増大するだろう。ここではこれ以上詳細にする必要はないと思う。このような企画が受け入れられたら、どんな問題も解決するであろう。

このような企画にはたくさんの副産物がある。すべて肯定的なものだ。例えば、生徒は週末にボランティアを申し出る（つねに監督の下で働く）。すぐにしなくても良いような仕事を任せてもらう。共に働くことは、相手を知り、相手を好きになる最善の方法であり、ほとんどの学校では人種差別をなくす素晴らしい方法である。生徒は簿記の記帳についても学び、使ったお金を記録しながら会計の知識を身につけることになる。生徒全員がこの企画を実践することで、多くの者にとってあまり理解されていない経済学を学ぶ実践的基盤を得ることになる。

このような企画は、学校にとっては刺激的で、興味深く価値ある働きであり、これを通して生徒たちが最も良い方法でまとまっていく。学校は生徒が現実社会に向かう準備をしていないと批判される。何よりも、この批判に答えるものとなろう。これはまた、生徒はこれを忘れないで、生涯にわたって、今学んでいるものよりもはるかに多くを学ぶであろう。市民の税金で支えられているクォリティスクールは、生徒を目に見える形で動員していることを地域社会の人々に示すことになる。クォリティこそ、この企画を成功させるのに必要なものだからだ。

この企画には先例となるものがある。アラスカ州シトカにあるマウント・エッジコーム高校は、デミングの教えを導入した世界初の高校の一つである。この学校では、鮭の燻製事業を成功裏に展開していて、その事業の収益で学校は支えられている。鮭の燻製事業はアラスカにはぴったりであるが、高校が何かの事業展開をすれば、多くの人を失業させることにもなるので、私はお勧めしない。しかし、一年、あるいは二年かけて一つの家屋を改修することは、むしろ地域社会への経済的貢献となり、何らの影響もないであろう。

第九章
同時評価

従来のやり方でする限り、次のような事実を受け入れなければならない。すなわち、学習の後に受けるテストに合格しない限り、生徒がどれほどたくさん学んでも単位はもらえない。逆を言えば、テストに合格しさえすれば、生徒がたいして学んでいなくても単位をもらえる。生徒が手を挙げて、「これはテストに出ますか?」と質問する状況を誰でも知っている。まるでテストに出るものだけが重要であるかのようだ。多くの生徒にとって、学習したものよりもテストに合格することの方が重要になっている。

またテストを作成するときに、完全に生徒を驚かせる質問を出す教師がいることも私たちは知っている。こうした質問はしばしば学習したものとかけ離れているが、教師にはこのようなことをする権限がある。生徒はこの公正を欠く事態に直面しても何もできないので、やる気を失う。一方で私たちは皆、どんな問題を出すかを簡単に予想できる教師も知っている。学習する努力はこれだけでいい。最後に私たちは多くの生徒が特に「客観テスト」で不正をすることも十分知っている。そのため生徒がどれだけ知っているかは誰にもわからない。私たちには新しい評価の仕組みが必要だ。なぜなら、現在の仕組みは、テストの得点に依存し過ぎているからだ。テストの得点は、生徒がどれほど知っているかを正確に反映していない。

クォリティスクールの観点から従来の評価方法を考えると、ここに述べた明白な欠陥だけではなく、問題はより深刻だ。今までのやり方では、生徒に質の高い学習をしてもらえない。本章で述べる同時評価は、この深刻な欠陥を是正する可能性があるが、この変化は容易ではない。従来のやり方は、教えて、テストして、ランク付け、というものであるが、昔からのこうした教育方法を捨てる勇気が必要である。

勇気さえあれば、同時評価はそれほど難しいものではないことがわかると、順調に進むことだろう。教師はテストを作成しないし、成績もつけないが、今まで使っていたやり方よりもはるかに厳しい評価方法となる。生徒が質の高い学習をし始めると、生徒のランク付けをする理由はなくなる。あなたが誠実で熱心な教師であれば、ランク付けの作業はよく見ても苦痛なものだ。デミングが言うように「子どもでも大人でも、自分の取り組みに関して成績をつけられたり、金星の対象となるかどうか、あるいは仕事上の評定がどうなるかを考える状況では、楽しく学ぶことはできない」。私たちの教育システムから成績評価やランク付けの強制を廃止するだけで大きな改善となる8。

同時評価の仕組みに移行するとして、最も困難なものは、これまでやってきたテストをしないこと、特に従来の教育の核ともなっていた客観テストをしないことだ。私たちがクォリティを目指すなら、これは必要なことだ。というのも、テストやテスト方法は、生徒のやる気を引き出さない一番の原因だからだ。優秀な生徒ですら自分が欲しい成績に必要な程度の取り組みしかしない。しかしながら大多数の生徒は優秀とは言えない。テストの得点は悪いし、やる気が失せている。そして、中学校までに大して努力しないで、進級しようとしている。

成績の良くない生徒を何とかしようとして、従来型学校の教師は決まって強制という手段をとる。生徒を、低得点、落第で脅す。記録から見ても、このやり方に効果はない。脅されても、罰を与えられても、公立学校に行く半数以上の生徒は何もしない。学校で努力することに価値があるとは思っていない。このような生徒にできると言えるレベルの取り組みを促すこと、ましてやクォリティの高い取り組みを期待することは、現状を考えると大きな跳躍《ちょうやく》である。同時評価の取り組みは、この第一歩を踏みだすのを助けてくれる。

ほとんどの政治家、そして州の教育長のような教育界のトップにいる人たちは、不満に思っている有権者を意識しており、もっとテストをすることで、問題がどこにあるかを見極めることができると確信しており、テスト結果から得られた情報を精査して、教え方の改善をすれば良いと考えている。彼らは莫大な予算を使って、もう既に私たちにわかっていることを知ろうとしている。知的に有能なたくさんの生徒が、学校で短い文章を読み、鍵となるアイディアを見つけ、良い手紙を書くことも、数学の問題を解くこともできない。大学や会社は、長年私たちにこのことを指摘し続けている。

私たちに欠けているのは、テスト結果や他の情報をたくさん得ることではない。むしろ、従来の教え方、すなわち「教えて、テストして、ランク付けをし、落ちこぼれを見つけて強制する」という教育の仕組みを放棄することだ。従来の方法では、良くても半数以上の生徒は勉強しない。私たちが質の高い学業成果を望むとしても、半数以上は達成しない。それでも、ごく少数の生徒は質の高い取り組みをするので、こうしたわずかな生徒だけが質の高い取り組みができると間違って信じてしまう。生徒全員ができるのだ。ほんのわずかの生徒しかクォリティを追求しないということは、長年やってきた方法「教えて、評価する」というやり方にはクォリティを生み出す力がないということだ。

例を挙げよう。1991年ミシガン州アルマの高校で生徒と話していたときに私はいつもの質問をした。「君たちの学校でクォリティを目指して取り組んでいる生徒は何人いますか?」。この質問をする前にクォリティとは何かの話をしているので、私が聞いていることの意味を生徒は把握している。最終学年の一人の生徒が大勢の聴衆の前で言った。自分はほとんどの教科でAを取っている。教師も親も大学の入試担当者もとても喜んでくれている。こう言ったあとで、聴衆を驚かした。「でも、自分のできる最善を尽くしたという教科はひとつもない」。

話し合いのお陰で、彼はテストで良い点数を取るように努力をしたものの、それは自分ができる最善以下だったと考えた。このような生徒だけでなく、すべての生徒がクォリティを追求するように説得すれば、取り組みをしながら自分の取り組みを評価しなければならない。これが同時評価である。

この若い生徒と関わった教師は、これまで生徒の取り組み中に自己評価を促すことはなかったと思う。この生徒は12年間も学校に通いながら、自分のできる最善の取り組みをしたことがない。私がクォリティを取り上げなかったら、この正直な自己評価をすることも、それを表現することもなかったであろう。彼は従来の学校にたくさんいる良い生徒の一人で、学校は学びが終わると通常の客観テストをするだけで、社会の経済競争に立ち向かうためのクォリティの大切さを伝えることもない、というのである。

同時評価

同時評価の説明をするにあたって、得意な生徒が少ない数学を例にしよう。いつも通りの教え方では、ほとんどの生徒は真剣に勉強しない。数学の有用性を誰も説いたことがなかったからだ。生徒が自分で有用性を見つけると考えるなら、間違っている。生徒は授業も宿題も退屈で、テストは難しいとこぼす。そして私たちは十分な証拠を持っている。卒業を控えている多くの生徒は算数が苦手で、数学となると言うに及ばない。

どの学年でも使えるが、私が高校一年の数学を新しいクォリティスクールで初めて教えるとしよう。これから私が説明しようとしていることをしっかり理解できるであろう。この学校では、高校一年生は全員数学を履修することが求められているが、このコースは数学の分化したもの、例えば代数の勉強をするようになってはいない。勉強するのは数学である。生徒は従来の学校から進んできて、教師は中学校の一般数学の教科書に満足しており、高校一年生の代数の教科書も使える状態だと仮定しよう。教師は生徒全員に一般数学の最初から始めるように言う。そして生徒が教科書をどこまで精通しているか確認する。

生徒が解けない一連の問題に行き着くとすぐに、生徒はその箇所に印をつけて手を休め取り組みをやめる。仮に生徒が一般数学の問題は全て解けると思えば、代数の教科書に進み、解けない問題が出てくるまで取り組み続ける。

教師は巡回しながら生徒がこの最初の課題をこなせるよう支援する。最初の週の終わりまでにはすべての生徒は一冊の教科書の最後まで進み、あるいは、二冊目の教科書で十分理解できるところまで進んでいるはずだ。少数ながら生徒が最初の引き算、足し算でつまずくことがある。もっと多くの生徒が、単純な算数と代数の間で止まるかもしれない。ある問題は代数の教科書に入る途中の問題かもしれない。積み重ねの学習が必要とされる教科では、解けない問題に直面するまでは理解ができていると考えられる。どこまで理解しているかどうかは簡単に調べられる。数学のどこまで理解しているか時間をかけて調べることは無駄ではない。仮にこれに何週間かけたとしても無駄ではない。

生徒全員がどこまでわかっているかわかれば、4人から6人が1グループになるように編成する。それぞれのグループに、理解力が低い、中くらい、高い生徒がいるように分けるのが良いと思う。しかし、教師によっては別のグループが良いと考える人もいる。どちらでも良いが、互いに教え合うことが求められるので、よくわかっている生徒とそうでない生徒が同じグループにいる方がうまくいくと思う。

テストはあるとしても少ないし、必須の宿題もないと生徒は告げられる。学習の進み具合は、クラスですることによって決まる。生徒は各々自分で教科書を読んで課題をこなして勉強する。しかし、生徒全員に「わからなくなったらグループの先に進んでいる生徒に聞くように」と言われる。生徒は各自自分の好きなスピードで勉強するように言われる。早く進みたければ、家でも勉強できるが、求められているのは数学の時間にしっかり学ぶことだと言われる。クラスは45分から50分という時間が計られる。経験的に確かなことは、生徒はこのように言われると、ほとんどが学習を進めるために一生懸命勉強するということ。

できるレベルになったら、見せて説明する

生徒は教科書の奇数番号の問題（答えが教科書の最後に書いてあると想定している）を正しく解くことで、例えば長除法（訳注：割り算の仕方）、小数点、または加減乗除などの基本をマスターしたと考えられる。生徒がそう思ったら、教師、あるいは教師助手を呼ぶよう

に言われる（クォリティスクールにとって教師助手がどれほど重要であり、どのように探し求めるかを次章で説明する）。教師または助手の前で、同じ群の偶数番号の付いている問題をどのように解くかをやって見せる。こうして、教師が見ている前で、偶数問題を正しく解くことができたら、教師は生徒に解き方についての説明を求める。

生徒は問題を解けると自信を持てば、問題をどのように解くかをすぐに「見せ」、「説明」する。これが評価となり、いつでも同時評価だ。教科書の先に進むためには、違うタイプの問題にも同じようにする必要がある。飛ばすことはしない、遭遇した問題を解く。今のところ多くの生徒は授業で勉強した問題をどう解くかも知らないままテストを受ける。こうした問題がテストに出なければ、生徒はそこを飛ばして、この種の問題をどのように解くかを学ぶことはない。生徒が自分たちの知らない問題が出ていないテストに合格すればラッキーだったと思う。そしてまたラッキーに直面することを望みながらテストを受ける。同時評価を使えば、このようなことは起きない。生徒が何を知っているかを確認するのにラッキーの出番はない。

教師の仕事は、巡回しながら生徒の進み具合を見守ることだ。あるタイプの問題に困難を覚えているが、グループの他の誰からも支援を受けていない生徒を見つけるようにする。

こうした生徒に声をかけて、小グループにまとめ特別に教える時間にする。ほとんどの生徒はこのような配慮に感謝し、注目してくれる。クラスの他の生徒たちは、自分たちの取り組みに集中し、必要のない、またはそこまで行っていない授業を受けないで済む。

この学習の進行はすべて、教師助手をする生徒がまとめ役をする。教師はこうした教師助手を必要があれば支援する。これはこの教え方の強みの一つだ。生徒は小グループの一員としても、教師助手としても、お互いを助け合うことによって、ひとりで勉強して他の人を支援しないときに比べ、よりたくさんのことを学ぶことになる。

ほとんどの教師は、教科書の問題を補足して自分で問題を作って、まるで教科書に書いてある問題であるかのように生徒に解いてもらうだろう。生徒は自分がわかるまでは、教師の前で問題を解くようには言われない。教師によってはテストをすることもあるが、その場合いくつが正解かで点数をつけないで、全問正解となり、どのようにしてそうなるかを、生徒は教師または教師助手に見せて、説明できるようにする。

生徒の中には教科書に載っていない教材、あるいはほとんどのケースでは、遅れを克服するために、学習を早めるために自ら進んで宿題に取り組む選択をするだろう。あまりにもひどく遅れていることは恥ずかしいことかもしれないし、教師は学習の遅れている生徒と話し合って家で少し取り組むように支援することもある。教師と生徒がつねに良い関係であれば、生徒は教師の言うことに耳を傾ける傾向がある。教師は興味がとても強い生徒には特別に時間を割き、数学の領域、例えば理論に取り組む可能性を示唆し、そこに進むよう激励することもできる。教師の働きは今ほど大変にはならないし、教師の働きはすべて生徒の支援に直接つながっていくだろう。生徒は何もしないで他の生徒が追いついてくるのを待っていたりしないし、あるいは遅れが明らかになりいっそうパニック状態になることもない。誰ひとり先に行ったり遅れたりしない。それぞれの速度で全員が前進するのだ。

同時評価を用いることで生徒は自信を持ち、数学を好きになるだろう。なぜなら、どこまで行っても、生徒は何が起こっているかわかっているからだ。もし数学がこの方法で高校2年生まで教えられるなら、今よりももっと多くの生徒が高度な数学、例えば微積分などに取り組むようになると思う。クォリティスクールではありがちなことだ。どこまで進んでいるかにかかわらず、生徒はすべて自分の学んだことを見せて、説明することができるだろう。生徒がどれほど学んだかは、誰にも明らかである。

成績

成績なしでも同時評価の仕組みはよく機能するが、成績はあまりにも深く伝統に入り込んでいるので、排除することは困難かもしれない。例えば、生徒全員が高校二年の終わりまでに十分な力をつけたとすると、数学（この種の生徒は数学の履修を止める選択をするようだ）はここまでで、代数を含まない数学となり、生徒はBの成績をもらい、一般数学の単位を得る。高校二年生の終わりまでにこの程度の数学は生徒全員がわかっていると思う。このレベルの数学（実際には算数）を知らない生徒は、成績に数学の単位は記録されない。そしてそれを得るまでは通常の卒業証書を得ることはない。

生徒が代数を知っているなら、あるいはそれ以上に高度な数学の要素をすべて見せて説明できるなら、生徒はAの成績をもらってもよい。多くの生徒は初期の代数以上の取り組みをするだろう。こうした優秀な生徒にはA以下の成績はつかない。生徒の成績表には、数学ではAの成績でどこまで進んだかが記録される。例えば、卒業までに生徒全員ができるレベルに到達しているのが代数であれば、代数はわかっているのでAの成績をもらう。

もし教師が何らかの理由で数学（クォリティスクールではどの教科であっても）ができない生徒を見つけたら、特別のケースと認められ、教師や専門職が最善と思う成績のつけ方をするだろう。ケースによっては、そのような生徒は修了証に、「いくつかの不足科目はあるが卒業は認められる」という特別なコメント付きで卒業を認めるのが賢明であろう。こうした生徒にどう対応するかの可能性を示唆する以上のことを私がここに書くのは不可能であろう。どのような対応をするかは、各学校が考えることだ。

同時評価の説明のために数学を選んだ理由は、数学が論理的、累進的な教科だからだ。K－12（Kは幼稚園年長、12年生は高校最終学年）のレベルで、数学の問題を解くのは一つであり、ほとんどの場合答えも一つである。生徒が教師（あるいは教師助手）に、問題をどのように解いたか、そして正確に自分のしたことを説明できれば、数学の場合、能力とクォリティの両方が示される。ほとんどの生徒にとって数学で「できるレベル」の証明が得られれば十分で、それ以上の取り組みをする理由はない。この教科では、そしてこの教科だけであるが、できるレベルの取り組みとクォリティは同じものであり、生徒はAの成績を勝ち取れる。

他のアカデミックな教科、国語、歴史、科学、地理学、社会学、そして保健（数学の理論を学びたい生徒にとっては数学もそうであるが）は、一般数学で提供されていたもの以上に、クォリティを達成する機会はより多く提供されている。例えば、学年相応の作文とクォリティの高い作文には明白な違いがあるし、学年相応の科学研究とクォリティの高い科学研究にも違いがある。従来の学校では、例えば、AP（上級クラス分け試験）と呼ばれる上級クラスで達成されたものは、通常のクラスでなされたものに比して、はるかにすぐれた例となる。こうした教科では、生徒が見せて、説明できれば、生徒はできるレベルに達しているとしてBの成績が与えられる。

できるレベルからクォリティへ　ジ・カ・ク　自覚

ジ：自己評価
カ：改善
ク：繰り返す

クォリティに向かうために自己評価が必要であるので、すべての生徒は自分の取り組みを評価することを教えられる。そしてこの評価を基盤として、改善する。このやり方を繰り返して、生徒と教師がクォリティに達するまで続ける。すべてがクォリティとなることは期待されていないが、今はクォリティと呼ばれる取り組みがいかに少ないかを考えると、少なくても良いスタートが切れたと言えよう。

例えば、科学のコース（化学とか）で基礎学習が身についたことに満足し、それを見せて説明して証明できれば、「できるレベル」のBの成績を取得できる。しかしながら、説明したように、こうした枠組みの広い科目は生徒に「できるレベル」からクォリティに進む機会を与えてくれる。生徒は、たくさんの自己評価をして最初のものを随分改善したことを見せて、説明することができればクォリティは達成される。この改善を通して、今達成されているものは、「できるレベル」よりも明白に優れていると言えるなら、クォリティの主要な基準を満たしたことになり、成績Aを獲得することになる。

現代の評価の習慣を守りながら、生徒は自分の取り組みのポートフォリオ作成を勧められるが、クォリティスクールではポートフォリオに入れるものはクォリティと言えるもので、生徒がたくさんの自己評価をし、改善を繰り返したものである。できるレベルや良い取り組みと言えるレベルのものは保存されない。クォリティと言えるものだけを表しているので、ポートフォリオは大抵小さなものである。この中身の一つひとつに、生徒はポートフォリオに入れる理由について最終の評価の言葉を短く書くよう求められる。保存されているものは生徒にとって、このレベルで取り組む力があることをいつも思い出させてくれる。

まとめてみよう。同時評価を使って、どのコースでも強調されるのは、求められているものはすべて学習すること、そして、求められているものは無論のこと、さらにはそれを超えて学ぶことでクォリティを達成することである。この点、従来の学校が目指しているものと比べれば違いは大きい。従来の学校で目指すものはテストで良い点数を取ることで、クォリティかどうかは注目されない。小さな取り組みでもクォリティはAの成績になるが、取り組まれたものがAに匹敵するかどうかを決めるのは、生徒の助けを得ながら教師がすることだ。生徒はAを欲しいが教師はA相当であると思えない場合、教師は支援的に接して、生徒がさらにどう取り組めばA相当になるかを考えてもらう。

率先して取り組んで異例と言える高いクォリティを達成していれば、生徒にはA^+の成績が与えられる。この最高の成績を得るもう一つの方法は、教師助手として働くことだ。このような成績や特別賞は、大学入学や就職のときに価値あるものと認められるだろう。

芸術や実用美術のコースは、同時評価にぴったりだ。なぜなら、こうしたコースでは既に同時評価がしばしば用いられているからだ。また、こうした選択科目（運動競技も）では、今でも多くの生徒はクォリティのレベルの取り組みをしている。例えば、ほとんどの高校音楽コースでは、生徒は教師に自分ができることを見せ、それが普通でないなら、なぜそのように演奏したか、または歌ったか、その理由を説明する。生徒一人ひとりが自分の演奏を評価し、毎日その繰り返しをしながら改善するやり方は、標準的でかなりの効果があるやり方である。

学校を出て現実社会に行き仕事をするときに、リードマネジャーは従業員が見せて、説明し、評価し、いつまでも改善しようとすることを期待している。デミングはこの点を様々の方法で明白にしている。したがって、本章で私が書いていることは、人生で役立つことである。私たちは学校でも同じことをするべきである。

本章を終えるにあたって、参考にできる同時評価の考えを短くまとめておこう。

ミ・セ・ジ・カ・ク　頭字語「店近く」同時評価という新しいシステム

教師の助けがあってもなくても、クォリティを達成するためには、５つの流れがあると考えている。

ミ：見せる。興味のある人、例えば教師に自分のしている取り組みを見せる。注意深く、完全に見せることで、相手が容易に自分たちのしていることを理解できるようにする。

セ：説明する。明白でなく、質問があれば、どのようにそれを達成したかを説明する。

ジ：自己評価する。取り組みのあと自己評価をする。取り組んだことをさらに改善できるか自問自答する。

カ：改善する。ほとんどの場合、改善の余地があるのは明らかである。自分たちのしていることを改善し続ける。

ク：繰り返す。助けがあってもなくても、自己評価と改善を繰り返す。これ以上の取り組みは意味がないと思うまで努力する。このとき、クォリティと呼べるレベルに到達していると考える。

K－12、幼稚園から12年まで、クォリティスクールではこの頭字語「店近く」が、教えて評価するやり方である。生徒は今よりもたくさん学び、クォリティを目指して取り組むであろう。恐れと厳格な成績がつくテストから解放された環境で、生徒は教育が自分たちの人生の質を高めてくれると感謝して受け止め、教師は今までより楽しく教育に取り組むことができるようになる。頭字語「店近く」を採用することで、テストに費やされている莫大な予算を削ることができ、テスト結果を武器にして、「もっとより良い取り組みをしろ」と生徒と教師を脅すこともしないで済むであろう。

第十章 クラススタッフを拡大する

理想論かもしれないが、よく知らない領域で「確固たる能力」を身につけたいと思えば、たくさんの個人的注目を与えてくれる専門分野の教師を探すことだ。他に数人の受講生はいても良いが、1クラスに25人から40人の受講生は多すぎるので、そのような教師は選ばないだろう。教師は、課題を見せて説明し、そこで出されたあなたの質問や答えに、具体的にどんな支援が必要かを示し、温かく礼儀正しく最後まで対応してくれる。

教師は、受講生に学んだことを見せて説明するよう求める。こうしてどこまで進んでいるかを受講生と教師が共に確認する。受講生と教師の評価で、最初学びたいと思っていたことを学んだかどうかを見極めることができる。受講生は教師について個人的に少しばかり知りたいと思っており、知ったことについては嬉しく思うだろう。このように教えられると、納得のいく時間をかけて、力をつけることができるだけでなく、この教え方がとても良い感じを与えてくれるので、受講生は上質という概念で考え始めるだろう。私たちは理想の社会で生活をしているのではないし、できるというレベルすら達成していない。ましてやほとんどの生徒に関してはクォリティレベルではない。しかし、少なくとも「できるレベル」を達成していれば、ほとんど全員が満足するだろうと言っても間違っていないであろう。K－12（幼稚園年長～12年生）教育で、できるレベル以上の成果を求める教師はまずいない。

上質な学習は「できるレベル」を超えた先にあるので、教師も生徒もクォリティスクールの概念を理解することさえ難しい[9]。ほとんどすべての生徒が「できるレベル」以上の取り組みをしたいと思っていない。これを教師も生徒も知っているが、それでもクォリティスクールのスタッフはこの最低の基準に甘んじないで、初めから生徒全員にクォリティといえる学業を増やしてもらい、学ぶことの楽しさを経験してもらうようにする。この学ぶ喜びは勤勉な取り組みの動機づけとなり、クォリティを達成したいという気持ちを起こさせる。私たちが世に送り出す生徒たちが、上質な製品やサービスを生み出している競争社会で勝ち抜くために、私たちのゴールを「できるレベル」からクォリティのレベルに引き上げる以外に選択肢はない。昨日までの理想の社会は、今日の現実社会に変化している。

一人の教師に対して小グループの生徒という割合が理想であるが、これに近づく人数の割合でなければクォリティを達成することはできない。従来の25人から40人サイズのクラスでは無理だろう。人数が多すぎると、同時評価を導入するための個人的触れ合いがなくなる。生徒に自己評価を促し、改善し、さらにこの過程を繰り返し、結果がクォリティと言えるまで生徒に取り組んでもらうには、個人的触れ合いが欠かせないが、ほとんどの生徒はそれを受けていない。スキルを身につけた助手がいて、教師がこの種の注目をしなければ、ほとんどの生徒はクォリティに向かう動きをしない。教師助手が十分な人数いなければ、生徒は必要としている支援を得るために長く待たなければならない。待っているあいだに、退屈して興味を失い、クォリティを目指した動きは止まってしまう。

学校には有給の教師や教師助手を雇用する金銭的余裕がないので、クォリティスクールのスタッフは、学校の仕組みに金をかけないでより多くの人材を得る計画を立てなければならない。専門の教師がどれほどの支援を必要とするかを見極める必要がある。しかし、私の推測するところでは、30人の生徒がいるクラスでは、少なくとも3人のフルタイムの助手が必要だ。作文のようなクラスでは、6人いても多過ぎることはない。

これは、最初からすべての助手がいなければならないという意味ではない。まず最初の一人から始め、この教え方に生徒もクラスも慣れてきたら、時間をかけて他の助手に来てもらうようにすれば良い。何人必要かを決めるのは難しくない。私が既に述べたように、クォリティスクールではやることがたくさんあるので、この新しいやり方はゆっくり、注意深く進めることをお勧めする。クォリティスクールとなる取り組みに時間的制限はない。

クォリティスクールへの取り組みが始められ実行されるときには、すべての新しい取り組みは職員会議を頻繁に開いて共に調整されなければならない。従来型の学校では、クラスでの取り組みはしばしば自分だけでしなければならないが、もはや一人ではない。あなたがすることは他の教師、生徒、保護者すべてに影響する。あなたがクラスでクォリティをたくさん達成すればするほど、他の教師がクラスでクォリティを達成するのが容易になる。煩わらしいと思えるかもしれないが、クォリティスクールは民主的な教師が共に懸命に働き、互いに受け入れ合うことが必要である。教員同士の一連の委員会が開催されるだろう。そのような委員会の一つは、クラスで教師助手をしてくれる必要なボランティアをどのように集めるかを話し合うものだ。

たくさんのボランティアを集めるのは一見困難に思えるかもしれないが、実際にはそうでもない。あなたの学校、近隣の学校、そして地域の人々の中に、すぐにでも応じてくれるボランティアはたくさんいる。こうした人々の多くは、必要なことをするスキルを既に持っているとしても、明らかに研修プログラムを企画してこの仕事を立派にこなすための準備が必要である。彼らは高度な講義やレッスンプランを立てなくても良い。生徒が学んだことを見せて説明するときに、生徒の話に耳を傾け、一人で、あるいは小グループで学ぶよう支援するだけで良いのだ。

助手が持つべき能力は、教科によって違うはずだ。例えば、数学で支援する方が、国語で支援するより容易であろう。上質な数学の取り組みに必要なのは数学の能力であるが、上質な国語はそれ以上のものが要求される。作文のコースで生徒と関わってくれる助手を見つけるのは大変困難であるが、新聞に投稿された文章を読めば、頼まれればすぐにでも応募してくれる人はたくさんいるだろうとわかる。彼らの関与が感謝されるので、最初に関わったボランティアが口コミで広げてくれるだろう。十分な数の人々が、近隣に進んで伝えてくれると私は確信している。最終的には教師一人ひとりが、助手の能力をチェックする責任を負う。初めは時間がかかるだろう。しかしながら、一度やってみると、教師にとって支援を得ることへの報いは、これを始めた時の努力を優に超えるものとなろう。

既に触れたように、ボランティアを探す主な4つの場所がある。

1. 教師が担当する複数のクラスの生徒たち

2. あなたの学校、あるいは近くの学校の生徒たち

3. 地域に住んでいる教師志望の大学生、または人の役に立ちたいと思っている大学生

4. 地域に住んでいる人で、人助けに関心があり、スキルと時間のある大人

こうした4つのグループから、教師は、支援的な関わりをしてくれている保護者の助けを得て、大人のグループを紹介してもらい、すべてのクラスに必要なボランティアを集めることができるであろう。ここからは4つの支援集団に触れながら、必要な人材をどのように得るかについて少し提案してみよう。

1. 教師が担当する複数のクラスの生徒たち

この集団が一番支援を得やすいと思われるが、生徒が三十人いるクラスには、国語以外のクラスで、教科、特に数学と科学に抜きんでている生徒がいるものだ。人数は多くて十人、少なくて二人でも良いが、おそらく四人か五人の生徒はこのレベルの知識を、あるいはそれ以上の知識を持っていることに気づくだろう。そのような生徒を見つけたらすぐに教師助手として教師を助けてみないかと聞いてみる。教師が一人ずつと話したいと思えばそのような機会を設ける。あるいは何人かで始めたいのであれば小グループで話す機会を作る。

生徒たちの仕事は、手を挙げて、例えば九年生（中三）の数学をやり遂げたので、課題を見せて説明したいという生徒のところに行き、説明を聞くことだ。生徒が問題を解くことができたら、教師助手は次の問題に取り組むように言う。生徒が解けなかったら、助手は生徒に教え、他の問題をいくつか解いてみて、できたと思ったらすぐに手をあげるように言う。例えば最初の１ヶ月、生徒が十分に問題を解ける力を身につけていると教師助手が満足すれば、教師を呼んで生徒の能力を確認してもらう。助手が十分対応できるようになれば、疑問がある場合は別としても、教師を呼ぶ必要はない。

生徒が教師助手になることで得るものは、成績のAをもらえることと、一年間満足な取り組みができたらA^+になると告げられる。ただし、自分自身が生徒として９年生の代数を満足のゆくレベルでマスターしていることが求められる。生徒が教師助手として受け入れられる前に、親の許可をもらう必要があるだろう。親全員に教師のまとめた小冊子が配布され、教師助手の責任が述べられている。その年の終わりに、助手には特別な賞が与えられ、卒業する時の成績表と卒業証書には生徒の助手としての働きが記されるようにする。

教師助手としての働きには、教師が教えている他のクラスからも応募できる。教師助手には同じ学年でも、高学年でもなれる。彼らの仕事は１クラスだけの補助で、一日に１限に限るようにする。あるいはたくさんの教師助手が採用される場合、一週間で1限か2限と少なくする。この「余分の」クラスでは課題に取り組むことは要求されず、クラスを履修していても、より多くの時間を教えることに費やせる。

クォリティスクールの生徒たちはお互いが競争することはないので、つまらぬ嫉妬心が生まれることはない。いや実際は、逆である。生徒たちはいつでも支援してもらえることをとても感謝するだろう。生徒の中には一生懸命に取り組んで、応募できるプログラムに参加したいと思う者もいる。応募したいと思う生徒全員にチャンスを与えるよう努力するべきである。生徒が同じ学年で支援することが少し難しい場合、例えば、9年生が同じ9年生の数学のクラスで支援する場合、生徒は自分が10年生、11年生の数学を終えて実力をつけてから、9年生のクラスで教師助手をすることができる。しかしながら、数学以外の教科で助手をする場合、担当する同じ学年あるいはそれ以上の学年で教えようとする教科で、クォリティと言える取り組みをしたことが示されなければならない。これは生徒にとってクォリティの高い取り組みを目指そうとするさらなる励みとなるだろう。

2. あなたの学校、あるいは近くの学校の生徒たち

クォリティスクールの教師助手プログラムが知られるようになると、指名を担当した教師が教えている以外のクラスで教師助手として働きたい生徒も出てくる。おそらく生徒たちは助手志望者として名前が登録され、他の教師が必要とするときに声をかけられる仕組みができるだろう。近隣の学校で教えている教師は、助手のプログラムについて知って、自分の学校がクォリティスクールであってもなくても、その取り組みをしている学校に行って、助手として関わりたいと思う生徒がいるので声がけをしてもいいかを確認する。このような生徒たちはまとめて登録されて、補助が必要な教科でどんな取り組みをしたら良いかという研修も企画されることになる。他の学校からクォリティスクールの教師助手を採用することは良い広報活動となり、クォリティスクールの概念を拡散するのに役立つ。

3. 地域に住んでいる教師志望の大学生、または人の役に立ちたいと思っている大学生

クォリティスクールの教師は大学、特に教育学部と連携して教師助手のボランティアを募集するのも良い。大学がこの取り組みを選択科目の一つにして、ボランティアをした学生に単位を提供する可能性もある。ボランティアは将来教師になりたいと願っている学生に限ることはない。他の学生も、特に数学や科学を教えることに興味を持つかもしれない。この種の経験をすることは、他の経験に比べ腕を磨き上げるために、よりいっそうの利点があると告げられる。この種のボランティアが求められていることが一旦周囲に知られると、クォリティスクールのような良い学校は、規律違反の問題が存在しないので、十分魅力的でボランティアが不足するということはないと確信している。

4. 地域に住んでいる人で、人助けに関心があり、スキルと時間のある大人

ある点ではこの大人のグループは最も重要で、退職した人々の中に高い関心を持っている人たちがいる。どこでも退職した人々を十分に使いきっていないし、仕事があったとしても彼らの知的スキル以上の仕事でないことがしばしばである。清掃や記録係のような仕事ではなく、クラスで教えることで教師の助けができることは、誰かの下で働くことでもないので、とても魅力がある仕事となる。多くの退職した一般高齢者も退職した教師もまさにそうであるが、若い人たちと関わり、彼らを知る機会は楽しいものとなるだろう。同時評価をしているので可能なことであるが、生徒が理解したという話を聞く以上に人を喜ばせる方法はないだろう。人は、年齢の高低にかかわらず、誰でも人と近く接することに飢えている。クォリティスクールは「良い取り組みをするしかない」という環境で、教師も生徒もありのままの自分に対して良い感情を抱いており、教える人がすべて自らを開示してくれる場所なので、親近感を育む理想の場である。

大人のボランティアに教えてもらい同時評価の手助けをしてもらうことの利点は、一旦契約をすれば長い期間関わってくれることにある。生徒も彼らの存在に慣れてきて、どれほど教師助手に助けられたかを話すようになり、信頼されていることが伝わり、いっそう大人の助手を効果的にする。ボランティアに良き場所を提供すれば、少々の苦情を聞くことがあっても、不当に働いてもらっているわけではない。クォリティスクールでは、彼らは与えるだけでなく、得るものが多く、与える以上のものを得ることになる。

これまでに述べたことであるが、クォリティスクールでは一人の生徒もクラスにただ座っているだけということはない。従来型の学校ではあり得ることだが、何が進行しているのかわからない、あるいは「私は良い取り組みができない」とか「私は落ちこぼれだ」という生徒はひとりもいない。ボランティアの助手は、いつでも側にいて、先に進めないでいる生徒に助けの手を伸ばし、そうすることでこうした落ちこぼれを予防することができる。この即座の支援がまた、あまりにも多くの教師が今解決しようとしている、規律違反の多くの問題を防ぐことになる。クォリティスクールのほとんどすべてのクラスで、生徒は、支援が必要ならすぐに一対一での対応をしてもらえる。

可能であれば、クォリティスクールは夜間クラスを開いて、一週間に一度か二度、地域に住んでいて、スキルがあり教えてみたいと思うボランティアに教えてもらうこともできる。生徒たちと共に親も参加できるクラスを提供できたら特に素晴らしい。家族が共に興味を持っている事柄を一緒に学べば、親近感を育むことができ、これは特別なことであり重要なことである。例えば、生徒と親が一緒にコンピュータコースをとることもできる。このような経験の価値を疑うものはいないだろう。コンピュータに長けている生徒は、ほとんどの中学校、高校にいるので、このコースを生徒に担当してもらうこともできる。

クォリティスクールには強制的な宿題はないが、夜間コースは学習が遅れている生徒が基本的なスキルを身につけ直す場ともなる。予算の制限があって通常のクラスでは提供されない、小さな単位とは無関係の上級クラスを通して、生徒は先に進み、自分たちを豊かにすることもできる。私が言いたいのは、中国語のような外国語、写真、ビデオ、あるいはコンピュータ・グラフィックスなどは技術に長けたボランティアが教えることができる良い例である、ということだ。施設利用費などの必要な支払いは、ボランティアによって募金を集めて賄うこともできる。本書の第八章で例に挙げた改修家屋を売却して得られるお金の一部を使うのも良いアイディアである。

学校の運動施設次第であるが、夜間の運動プログラムを親と生徒のために企画するのも夜間プログラムの一部となる。このようなプログラムは現在、多くの学校で実施されているので、既に確立されているものから離反することではない。

公共サービス

地域社会で生徒が支援するプログラムは前より多くなっているので、これをすべてのクォリティスクールの一部にすることもできる。学校は地域社会のどんな問題でも解決することに関心があるので、個人でも団体でも学校に連絡して支援を求めてほしい、ということを周知させることができる。クォリティスクールでは、社会学のクラスがこうした地域社会の要望を精査して、学校が関わるべきかどうかを決定することができる。生徒が取り組めるものであれば、生徒が決定する。生徒は一人でその問題解決のためにボランティアを願い出ないこととする。

生徒が地域社会に提供する奉仕活動には教育的な要素がなければならない。これが唯一の条件である。地域社会に対する取り組みとその恩恵が、精査され、そこから何らかの有益な学びができると思えなければ、生徒たちは清掃作業やサービス活動をするボランティアになることを求められてはいない。

建造物に対する生徒の責任

生徒たちはクォリティスクールに行くことがどれほど自分たちの欲求を満たすかに一度気づけば、自分たちの上質世界に学校のイメージ写真を貼り付ける。一度これがなされると、生徒は建物や施設を良好に維持し、改善する責任を感じるようになる。私たちが生徒に責任を学んでもらいたいなら、学校を大切にすることを研究対象として実践する教科にすることが最善の方法であるだろう。生徒は、学校がどのように財政的に支えられているかを知り、生徒の取り組みにどんな価値があるかを学ぶことに責任を持たなければならない。生徒は何かをするようにとは言われないが、施設を維持するのに何が必要かを学ぶべきである。生徒たちがそうすれば、生徒の提供する労働がどれほどの金額の節約になるかを計算してみると良い。もし生徒が作業を拒否するなら、カウンセリングを受けるか、拒否している生徒の許可を得て、クラスミーティングで話し合いをする。作業するように強制することはしない。強制すれば学校の基本的目的を損なうことになる。

学校の内側も外側も新しいペンキが塗られ、輝きを維持することが奨励される。学校の側を車で通る人たちが、学校がいかによく維持されているかに感動するかもしれない。庭は美しく、ゴミはなく、校庭の一部は幼稚園の年長さんのためにきれいに整備されている。生徒は遊び場で年長さんの手助けをし、子どもの世話をする方法を学ぶことができる。もしこれが地域社会に価値ある活動として認められれば、そのような学校の活動に対して少しの寄付があるかもしれない。生徒はなるべく多く学校の施設に役立つことをし、学校で普通なされないが、地域の役に立つことを探し出すよう勧められる。

違った領域の世話を各クラスが担当するよう責任が分担される。こうして生徒は施設管理の全ての要素を順番に学ぶことになる。営繕管理者は教師、マネジャーとしてこのプロジェクトに関わる。どのクラスがどの任務の責任であるかのサインが貼り付けられても良い。年間を通してオープンハウスの時が設定され、各クラスは見学に来る人々に、生徒は何をして、何を学んだかの説明をする責任を果たす。

このアイディアのポイントは、生徒たちが関わることで学校の建築施設が地域で最もよく管理されていることに誇りを持つことであり、この誇りは重要である。クォリティスクールは清潔で魅力的である。学校は生徒たちが誇りを感じることを学ぶ場所であって欲しい。

規律違反をしない生徒たちが学校をとてもよく管理し、クォリティを目指して学んでいることを地域社会が知れば、寄付をして支援する気も起きるだろう。こうしたことが理解されていない現状なので、教育への支援が少ないのかもしれない。地域の多くの人々の子どもは既に巣立ち、家にはいないことを忘れてはいけない。私たちが求めている支援はこのような人々から来るのだ。ここに示されたことをすれば、支援を得る可能性は高くなる。

第十一章

生徒に選択理論を教える

従来型の学校では、子どもが問題を抱えると、カウンセリングが必要だと最初に言われる。しかし、カウンセリングに依存していたら、カウンセリングを必要とする生徒が多すぎて、カウンセラーが不足する。もし生徒が選択理論を知っていれば、学校内の問題であれ家庭の問題であれ、カウンセリングをあまり受けなくても、何が問題であるかを考え、解決する方法を見つける。これが選択理論を教えることの大きなポイントだ。この選択理論は使いやすいうえ、自分の人生をコントロールしているという感覚を得ることができるため、これなしに人生を送ることが難しくなるだろう。

したがって、クォリティスクールでは教師が生徒に選択理論を教えることを責務とする。選択理論に関するかなりの情報は、前著『クォリティ・スクール』に述べているが、さらに学びたい人は、基本的な書籍『グラッサー博士の選択理論』を読むと良い。

選択理論は、私たちがどのように人生を生きる選択をするかを説明する新しい理論であり、新しい心理学でもある。ひとたび学べば生涯に役立つ有益な理論だ。選択理論を学べば、マネジメントの仕方、教えかた、もっと効果的なカウンセリングをする方法などが、今よりも明白に理解できるようになる。また、生徒にクォリティの高い取り組みをしてもらうにあたり、デミングが言ったことがなぜ効果的であるかを説明している。私の考えとデミングの考えが密接に関係している理由がわかるだろう。

教えるためにこの理論を学んだ教師は、教える以外の領域で、前よりうまくいくようになったと報告している。これは学ぶことの強力な理由づけとなるが、生徒に選択理論を教えてほしい主たる理由は、生徒の効果のない、ときには破壊的な行動の多くが、人はいかに機能するかを知らないことにあるからだ。生徒が知れば、学校でもっと学ぶ努力をするようになり、生徒が人生を生き抜くときに、概ねより効果的な生き方をし、より幸福になるだろう。これをしようとして教師は、彼らの学校で相談に乗っている私の協力者と私に多くの質問をしてきた。こうした質問に答えるために、よりすぐれた資料が書かれている[10]。

早ければ園児から始められるが、小学校教師は5つの基本的欲求と上質世界の概念を教えると良い。一年生になるまでに、児童たちは行動について学ぶ準備ができてくる。行動は私たちが選択し、上質世界にあるイメージ写真を得ようとするもので、すべての行動は、自分の周辺世界をコントロール（支配でなく）しようとする、その時点での最善と思うものなのだ。強調されるポイントは、私たちがすることはすべて私たちの選択であり、私たちは自分が選択する行動にはすべて責任があるということだ。また、最善の選択をするのは私たちの任務であると教えられる。

子どもたちがこの考えを理解するために、選択理論を使ってより良い親になったという日々の生活からの具体例を挙げて話すと良い。例えば、昨夜あなたは怒りを覚えて、娘（あるいは息子）を怒鳴りつけた。娘が自分の部屋をきれいにしなかったからだ。このような話は子どもたちすべてが身近に感じる話だ。あなたは家の中のすべての部屋が片付けられてきれいであるのが好きだとしよう。あなたが汚い部屋を見るとあなたの生存の欲求（汚いのは有害である）と力の欲求（家をきれいにすることがあなたの誇り）が満たされない、と話す。これはまた、「フラストレーション」（欲求不満）という重要なアイディアを教えるチャンスでもある。「フラストレーション」という言葉を使うときに、何を意味しているかの説明をする。

こうした二つの欲求を基にして、家が整理されてきれいというイメージ写真が上質世界に入っていると説明する。しかしあなたは娘を愛しているので、娘以外の誰でも怒鳴りたくないのに、娘を怒鳴りつけたときにフラストレーションを覚えた（心の落ち着きを失った）。怒鳴ることよりもより良い行動を考えられるように助けてくれないか、と子どもたちに聞いてみる。娘が自分の部屋をとびきりきれいにしておく、という親のイメージ写真を変えるのが賢明かも知れない、と彼らは言う。そうでなければ、娘が部屋をきれいにしておかないので、親はいつも気分を損ねることになる、と伝える。彼らの言うことがもっともであれば（もっともであることが多い）、実行してみることだ。やってみてうまくいけば、子どもたちに、より良い行動を選択する手助けをしてくれてありがとうと言う。

二年生以上の生徒たちに教えるときは、教室での行動、本、映画、テレビ、そして小学校であれば、ビデオ漫画を使って、この理論を教える。家から漫画を持ってくるように生徒に言う。『三匹の子豚』を持ってくる生徒がいれば、豚と狼の欲求を話し合い、登場動物がそれぞれの上質世界に入れている欲求を満たすイメージ写真について話してもらう。それから彼らが選択した行動は最善の選択であったが、なぜそうと言えるか、など選択理論の基本を教え続ける。生徒が理解して進級し、より深く考えるようになれば、全行動の概念を教える。怒りや落ち込みのような行動は自分たちが実際に選んだものであることを説明し、そのような機会があればそれを指摘する。彼らが上質世界に入れたイメージ写真をコントロールしていることを再度思い起こしてもらい、教師が親として娘とその汚い部屋について実践したように、イメージ写真を変えることが賢明なときもあると指摘する。

生徒たちがどれほど自分たちに当てはまるかについて気づいてもらうために、クラスで起きたことを実例にすると良い。例えば、４、５人の生徒が校庭で騒動を起こしたら、クラス全体を集め（サークルになり）クラスミーティングを始める。騒動を起こした生徒たちの許可を取った上で、彼らにも討論に参加してもらう。騒動を起こした生徒たちの保護者が気分を損ねる可能性があることを話し合う場合、話し合いを始める前に、彼らに確認しておきたいと思うかもしれない。次のことを尋ねる。

1. それぞれの生徒はどんな行動を選択したか？
2. この行動でどの欲求を満たそうとしていたのか？
3. この騒動が始まったとき上質世界のどのイメージ写真を満たそうとしたのか？　そのイメージ写真はどの欲求につながっているのか？
4. 騒動を避けるためにどんなより良い行動を選択できたか？
5. 関係した生徒にとってどんなことをしたら良いと思うか？　次の機会には、それをしてみる気があるか？

生徒をカウンセリングするとき、このような質問を用いることができる。生徒と関わるときにはいつも生徒に選択理論を学んでもらうことだ。机の上にミニカーを置いて、生徒がより良い行動を考えているときに、車はどの道に向かってハンドルを切っているか質問する。彼らは自分たちの人生の舵を握っている、自分がしていることは自分の選択であり、まずい選択は、いつでもより良い選択に変えられることを強調する。本章の終わりの方でこれをどのようにするか、さらに詳細に述べることにする。

多くの生徒にとってクォリティスクールに最初に触れるのは、中学校か高校であると思うので、選択理論についての教えはそのときまで延ばされるだろう。中学校でクラス替えがあっても、教師全員がこれを教える必要はない。おそらく保健か科学担当教員がボランティアを申し出て、選択理論を教える中心的な教員になると良い。しかしながらすべての教師は、クラスディスカッションに選択理論を導入する方が良い。架空の人物であれ実在人物であれ、上質世界に入れるイメージ写真（これが選択する行動を動機づける）にはどの欲求がつながっているかを推測することができる。

あなたの学校がクォリティスクールになることに同意して署名[11]したのであれば、選択理論に関する資料を取得して調べると良い。何年か前に『チョイスプログラム』と呼ばれるものを書いたことがある。これは5年生から9年生の生徒に選択理論とは何かを教えるすぐれたプログラムである。これは選択理論を学ぶときの基礎プログラムであり、麻薬を選択しないということも含め、生徒がより良い選択をするのに役立つものだ。どのように教えるかは教師が決めることであるが、急ぐ必要はない。この学習は長期にわたるものとなる。あなたがクォリティスクールで教える限り、この理論を教える機会を逃してはならない。これは生涯の学習となる。人間がどのように機能しているかについて、もう学ぶものはないと言える人は一人もいない。

特別な講座や利用できる教材をできるだけお勧めするが、多くの教師は選択理論を学ぶのは難しくないと思われるだろう。皆さんの中には書籍や個人体験を通して、また興味のある友人と話し合うことで、専門家と言えるほどの知識を身につけられるだろうと心から確信している。選択理論について居心地が良いと感じたら、小さな共同グループを使って、生徒に寸劇を書いてもらうなり、他のことをしてもらうこともできる。教師にとって励みとなることであるが、生徒は選択理論に素早く反応し、選択理論の学びを楽しむようになる。こうして生徒たちはこれが自分たちの人生にどのように適用されるかがわかってきて、彼らにとってこれは常に心が躍動するようなものとなる。

最後に、本章の残りを使って、今あまり教えられていない方法で教えることができることを紹介しよう。それはクラスミーティングを活用する教え方だ。これはどの学年の教師でも使える。

クラスミーティングを使って選択理論を教える

選択理論の概念に心地よさを感じたら、クラスミーティングであらゆる機会を捉えて、少しずつ生徒に選択理論を教えることをお勧めする。例えば、生徒がひとたび選択理論を学べば、生徒にとって最も役立つ選択理論の基本は、私たちの行動は内側から出てくるもので、私たちは自分のすることを選択しているということだ。ほとんどの人がそうであるように、生徒にとって、これは常識と真っ向からぶつかる考えだ。生徒は、自分たちの行動の多くを選択していないと思っている。特に問題に巻き込まれるような行動を選ぶはずがないと反論する。彼らはそうする以外に方法はなかったと言う。自然に出てくる反応で、自分たちの周りで起こっていることへの一つの反応だと言う。もし、4年生までに生徒が、行動は自分たちが選択しているということがわかれば、今よりもはるかに良く備えられて、自分の人生を生きることになる。

ほとんどすべての学年のどのクラスでも起き得るありふれた状況を例にとって、教師がどのようにして選択理論の基本を教え始めることができるかを説明しよう。喧嘩が始まったとする。一人の生徒が別の生徒を殴った。そして殴られた生徒が殴り返した。二人は興奮してお互いを責め合っている。クラスのみんなが喧嘩の目撃者だ。誰も何が起こったかを知っている。そしてほとんどの生徒は、挑戦された生徒は喧嘩するしかない、それ以外に何もできない、と心で考えた。相手が僕を殴り、罵り、家族を侮辱し、僕のものを奪って、僕がしていないことまでも僕のせいにして責めた。そうしたことがなかったら、相手を殴るなんてことを僕はしなかった、と一人の生徒は主張する。

生徒たちは気づいていないが、選択理論を知らないすべての人と同様、自分たちは外的コントロール心理学を信じていると言っているのだ。すなわち、私たちの行動は、自分たちに起こったことに対する、必要で自動的な反応で、他の人がすることに対して私たちは責任を取ることはできないということだ。クォリティスクールの教師の仕事は、生徒たちの行動は自分たちに起こった何かが原因で引き起こされるものではない、と教える。行動は、人の頭の中で考えていることが原因となっている。何をするにしても、それは選択した行動である。もし望みさえすれば、違う行動を選ぶことができたのだ。

生徒が自分の人生でこのことをしっかり学んで使えば、貴重なレッスンを受けたことになる。そして、とても若いときから銃に手を出すことも可能な今の時代に、このレッスンは命を救うものともなる。誰も罰しないし、誰が悪いかも探さない、と教師は言い、そして喧嘩が終結して、両者が落ち着いたとき、教師はクラス全体に喧嘩を避け、お互いに仲良くする方法を教える。

第1回クラスミーティング

教師は、クラス全員をサークルに座らせ、先ほどの喧嘩を教材として、生徒に大切なこと、それもこれからの人生で使える大切なことを学んでもらいたいと説明する。一日で全部を教えることはしないが、これからの数週間、クラスの時間を少し使って選択理論を教えるつもりだ。これは新しい理論で、人がすること、そしてどのようにそれをするかを説明している。生徒は新しいものを学ぶのが好きなので、おそらく注目してくれるだろう。ほとんどの生徒はルーチンから離れて、違うことをすることを歓迎する。喧嘩について話すこともあるが、教えるためであって、過去に帰って起こったことを詳しく話すことには関心がない、と話しておく。

最初のディスカッションのためにクラスに受話器を用意しておく。おもちゃの電話でも良い。電話の呼び鈴を鳴らし、質問する。「家で電話が鳴ったらどうしますか?」クラスを回りながらほぼ全員から答えを得る。ほとんど全員が「受話器をとって、もしもしと応答する」と言う。ある生徒が「眠り続ける」と答えても、コメントしないで、注目しておく。

それからさらに「電話が鳴るといつでも受話器を取りますか?」と質問する。ある生徒は「いいえ」と答え、ほとんどの生徒は「はい」と答える。さらに「話をしたくない人からの電話だとわかったら?――例えば誰かからお金を借りていて、そのお金を持ち合わせていない。――それでも受話器を取りますか?」と質問する。ここでほとんどの生徒が考えを変える。それからさらに質問する。「受話器を取らなかったら、何をしますか?」いろいろな答えが出てくるだろう。例えば、「鳴るままにしておく」あるいは、「誰かに受話器を取ってもらい、私はいないと答えてもらう」。すべての答えに耳を傾けるが、コメントをせずに次のように言う。「電話が鳴ったときに受話器を取る以外に、できることはたくさんあるようですね」

同じことにもう少し時間を割いて質問する。例えば、「あなたはいつも横断歩道を渡りますか?」「あなたはいつも歯を磨きますか?」「あなたはいつも試験勉強をしますか?」

それから「どんなことがあってもいつも必ずすることを思いつきますか？」と質問をする。この質問に時間をかけ、生徒が必ずすることを見つけることができるか確認する。質問をし続けると、必ずすることはないと認めるだろう。このあと少し冗談を言う。「いつも息をしますか？」生徒たちは笑うだろう。そして言う。息はいつでもする、と。ここまでの時間はほぼ20分以内とする。

もしクラスがとても興味を持ち、話したいなら、少し時間を伸ばしても良いがあまり時間はかけない。長くても30分以内にまとめる。発言していない生徒が話せる機会を作る。「どうですか、ジョン、言いたいことがあるよね」あるいは「スー、ジャネットに何か言っていたね。あなたはしっかり考えるタイプだよね。何を考えていましたか？」少し押してみるが、生徒が居心地悪そうだったら、あまり強くは押さない。「ミーティングは終わりにします。数日してから、またこのことを話し合うことにします」と伝える。生徒たちになぜ何かをするのか理由を考えてもらう。息をすること以外に自分たちがしていることはあるだろうか？　次のミーティングまでに、自分の選択ではないのに、していることがあるだろうか生徒たちに考えてきてもらう。

第2回クラスミーティング

生徒に自分のしていることは自分の選択だ、ということについてもう少し話し合いたいと告げる。そして「息をする以外に、自分が選択していないのにしていることはありますか？」と質問する。生徒たちは、なかなか答えられないでいる。しかし、教師があえて反対の立場を取って議論しても、最終的には息をすること以外はすべて自分が選んでいることだと認めざるを得なくなる。同意して告げる。私たちのすることとすべて選んでいると私たちは信じている。しかし、議論を推し進めて「あなたがしたくないことを、誰かがあなたにさせることはできますか？」と質問する。

これについて、多くの人が、自分がしたくないと思っていることをさせることができる、と彼らは言う。母親、父親、祖母、お兄さん、近所の乱暴な子ども、銃を突きつける人、などの名前が挙がる。母親は子どもがしたくないことをさせる、というのを取り上げてみよう。「母親の言うことに従わなかったことはたくさんありませんか？」と聞く。そして生徒と話し合う。「従わなかったことはあります。でも、言われていてもしていないことが見つかったら、母の言う通りにしなければならない」と生徒は言う。質問を続けると次のような答えとなる。ほとんどの場合、母親の言うことに従う。しないと罰を受けるからではなく、母親が自分を愛してくれており、自分たちも母親を愛しているからだ、と。「愛していない人に従いますか？」と聞く。怖い人なら、あるいは銃を突きつけられたら、彼らは従うと答える。「銃を持った人が金を出せと言ったら、ときに一か八かで拒否することもあるか？　怖いけれど、お金を出さないで危険を冒す選択をすることがあるか？」生徒が反論して「それは馬鹿げている」と言えば、次のように言う。「聞いたことありませんか？　馬鹿な選択をして殺された、と言う話を？」生徒たちは聞いたことがあると答えるしかない。教師は「私たちは皆たびたび馬鹿な選択をするようだ」と言って同意する。

教師は、私たちがしていることはすべて私たちの選択だということを教えようとしている、と生徒に話す。ときに私たちは誰かの愛を失いたくなくて、したくないことをすることがある。愛を失うことの方が辛いからだ。また別のときには、怖くてすることがあるし、しないでいることが、したことよりも最悪という理由で、したくないことでもすることがある。あとで馬鹿げたことと思えるようなことでも私たちはその選択をすることがある。しかしそのときはそれほど馬鹿げたこととは思っていなかった。私たちは馬鹿げたことをするときに、それを自分が選択したということを認めたくない。むしろ「私はそうしなければならなかったし、しない選択はなかった。誰かにさせられたことだし、こうなることはわかっていなかった。一か八かでやった」と言いたい。「もしあなたが賢いことをしたら、それを選択したと言いたくなるか？」と質問する。愚かなことをしたことに対する責任と、賢いことをしたことに対する責任の違いは何か、について話し合ってみる。

教師がこれまでに馬鹿げたことを選択したことを生徒たちにいくつか話すと良い。例えば、食べ過ぎて具合が悪くなったこと。あるいは車のスピードを出し過ぎて反則切符をもらったこと。教師がこうした間抜けなことをしたことを認めたくなくて、友人にどう話したかを生徒たちに話す。生徒たちのした愚かなことを、そしてこうしたことを選択したことを認めたくなくて何を言ったかを開示するよう促す。

それから「これからしようとすることが間抜けなことだとわかる方法があるか？」と質問する。状況全体がもっと見えてくると、もっと良い選択ができるようになるかもしれない、というような答えが出てくるまで話し合いを促す。教師はこの生徒たちの答えに同意し、「どのようにして状況全体を学べるか？」と質問する。例えば、「ある生徒たちは、学校から退学することを選択し、後になって間抜けな選択だったと認める。そのときは良い選択だと彼らは思っていた。どうして彼らはこの選択をするのか？」と質問する。生徒たちを助けるために反対の質問をしてみる。「なぜ、ある生徒たちは学校を退学することを考えないのだろう？」この種の質問を続けていくと、このような答えが出てくる。「私たちが人生で有益なことを学んでいると考えている限り、学校を辞めない」という生徒たちに同意して、ミーティングを終える。

第3回クラスミーティング

生徒がすることはすべて自分たちの選択したものだという、新しいアイディアのおさらいをする。あるときは良い選択をし、あるときは良くない選択をするが、すべての行動は選択したものだ。ここで「なぜお腹が空くのか？」と質問する。生徒たちは、生きていくためには食べ物が必要だと答えるであろう。空腹になると食べ物が必要であることを教えてくれる。この答えを引き出せるように生徒を支援する。生きていくためには他に何が必要かと質問すると、空気、水、シェルター、と基本的なことを答えるだろう。それから「今までの人生で、喧嘩や論争をしなかったら生きていけないと思って、喧嘩、あるいは大論争をしたことがあるか?」と質問する。街の荒《すさ》んだ地域に住んでいる生徒が数人「はい」と答えるかもしれないが、ほとんどの生徒は「いいえ」と答えるだろう。それから「生き抜くために喧嘩や論争をするのでないなら、なぜ論争し喧嘩をするのか?」と質問する。

ある生徒は、悪口を言われるのが嫌だから、と答える。この線で話を進める。「どうして悪口を言われるのは好きでないのか? あるいは、自分が愛している人の悪口を言う人の言葉になぜ耳を傾けるのか?」と質問をする。生徒たちは、自分たちを踏みつけるような人や馬鹿にするような人は好きでないと答える。なぜ誰かにバカにされたとき怒りを選択するのか、と尋ねる。生徒たちは論争に巻き込まれただけで、怒りは選択ではない。むしろその人が悪口を言うことによって、人を怒らせるのだ。これに対して、「怒りが選択でないなら、どのようにして怒りが出てくるのか?」と反論する。

生徒たちは、怒りは湧き出てくる、それをどうすることもできない、と言う。これに対して「とても強く、とても大きい人があなたをバカにした。殴り合いになったら木っ端微塵にやっつけられるのを知りながら、あなたは怒ってその人と喧嘩を始めるだろうか? むくれる、あるいはその場から逃げる、恨みを抱く、こういうことをするかもしれないが、ひどく怒りはしないのではないか? あなたは怒りを抑え続けるだろう。なぜなら、もし怒れば殴り合いのような何か馬鹿げたことをしてしまうかもしれないし、そうなればあなたは打ちのめされるか、殺されるかもしれないからだ。怒りよりもどちらかと言えば恐怖を覚えているのではないか？」誰も人を怒らせることも怖がらせることもできない、これらは選択であり、すべては自分たちが選んでいる、という理解に生徒たちが至るまで話し合いを続ける。

人がフラストレーション（意味を説明しておく）を覚えるに相応しい理由がつねにあり、それから怖がったり怒ったりの行動を選択する、と生徒たちに話す。こうした理由は、お腹が空く理由と同じものだと話して、「こうした理由を知りたいですか？」と質問する。彼らは興味を持ち、「はい、知りたい」と言うか、興味のあることを注目と期待の姿勢で示すだろう。

次のような質問で始める。「誰かがあなたの親友を侮辱すれば、なぜあなたが怒るのか？あるいは、良い友人があなたを拒否したら、どうしてあなたは怒るのか？」話し合いを続ければ、生徒たちは、友人が必要だから、友人であり続け守ってあげたいから、と言うであろう。彼らにその答えは正しいと言う。私たちは皆友人が必要であり、友情を脅かすような何か、あるいは誰かがいれば、私たちは、フラストレーション（欲求不満）を覚え、何かをしなければならなくなる。怒りを選択するか、あるいは拒否されたら、落ち込みを選択する。

生徒たちに「良い友人があなたを拒否したとしたら、心配せず、注意を払わないでいることは可能ですか?」と質問する。彼らは「いいえ、それは不可能です」と答える。これに同意して、私たちの体の構造、私たちの脳の働きかた(言いながら強調のために指で頭を指す)からすれば、私たちには友人が必要だ、と話す。「ある人は他の人よりも友人がもっと必要ですか?」と質問する。話し合いを続けると生徒は「そうだ」と同意する。私たちが必要とする友人の数は、人によって違いはあるが、私たちは全員友人が必要だ、ということを生徒に理解してもらう。

「生きるために必要な欲求と友人を得る欲求がありますね。これらと同じように強い欲求は他にありますか?」そして「あなたが話したいと思っていることに耳を傾けてくれる人々は必要ですか?」と質問する。このようなディスカッションでは、生徒が話したいことに教師は一生懸命耳を傾けようとしている、と説明する。「どのようにして人々にあなたの話を聴いてもらい、尊敬してもらい、見上げてもらい、注目してもらいますか?」と質問する。他の人の言うことに耳を傾ければ、他の人もあなたの言葉に耳を傾けてくれるチャンスは多くなるというアイディアを生徒が得るまで話し合う。ここで少し横道に外れて、「黄金律」について話す良いときかもしれない。

私たちはみな力の欲求を持っていて、他の人が侮辱したり、いじめたりしないで、尊敬してくれ、話を聴いてくれることで満たされる。これは生存の欲求や愛・友情の欲求と同じように、私たちの内側に組み込まれているからだ。自由の欲求について考えてもらうために、「もし人が私たちにあることをしてはいけない、どこかに行ってはいけないと言えば、なぜ私たちはフラストレーションを感じるのか？」と質問する。しばらくこのことについて話し合っていると、生徒たちは自由の欲求があって、自由が制限されると、フラストレーションを感じ、怒り、喧嘩、不機嫌、逃走を選択するかもしれないと答えるようになる。

最後に「笑うこと、遊ぶこと、冗談を言うこと、楽しいときを過ごすのは好きですか？」と質問する。生徒たちが、「楽しいときは好きだし、楽しいことは重要だ」と言うまで話し合いを続ける。楽しむために自分の命を危険に曝したことがあるか質問する。そして、パラシュート降下、バンジージャンプなどの話題を出す。そして楽しみのために生徒が危険を冒してまで、何かをした経験を話してもらう。しばらく、楽しみがどれほど重要か、生徒たちは楽しむためにどんなことをしたいか、話し合いながら、要点を明白にするために「動物は楽しみを追い求めるか?」と質問する。答えが「はい」なら、例を挙げてもらい、「亀や昆虫は楽しみを追い求めるか?」と質問する。犬と亀では違いがあるか? どちらが楽しみを追い求めるかについて、話し合ってみる。

この話し合いのあとで、生徒たちは、生存以外に、愛、友情、力、自由、そして楽しみの欲求があることに気がつくだろう。生徒たちは、生きるための欲求が最も重要な欲求だとまだ考えているだろう。この誤解に対処するために「もし生きることがそれほど重要なら、ある人は自殺をする勇気をどのようにして持つのだろうか?」と質問する。自殺について話し合う。ほとんどの生徒は自殺した誰かを知っている。自殺した人を特定しないで、「自殺の理由は何だったと思うか」と質問する。すると、愛を失ったことがほとんどだが、ある人にとって力や自由を失うことも自殺の原因であることに気がつくだろう。

私たちは、これまで自分たちの選択する行動を決定する基本的欲求のすべてについて話し合ってきた、と話す。これらの欲求を板書して残しておく。

1. 生存(安全)

2. 愛と友情

3．力（尊敬される）
4．自由
5．楽しみ

第4回クラスミーティング

生徒がこうした話し合いを通して学んだことを実践に落とし込み、先に話題にした喧嘩に戻って話してみよう。典型的な論争や喧嘩に至る選択にどんなものがあるか生徒に話してもらうようお願いする。このあと、生徒がフラストレーションを感じたときに選ぶ行動について何人かの発言があるまで話し合いを続ける。それから、以下の質問をしながら、満たされていない欲求について質問する。

1．喧嘩や論争が始まるきっかけは、誰かがあなたを馬鹿にしてあなたが反論しなければ尊敬や力を失うと感じたときではないですか？

2．誰かがあなたがしたくないと思っていることをさせようとしたらどうしますか？　誰かがあなたにさせようとしていることではなく、自分のしたいことをする、という自由の感覚を取り戻すために、喧嘩（論争）をするのではないですか？

3．友人が他の人と仲良くするために、あなたを捨てて離れていく。同じように誰かがあなたを拒否するとき喧嘩しないですか？　大人は愛をめぐってたくさん喧嘩をしませんか？

4．何をしても笑わない人や、楽しむことがない人の近くにいるのは嫌ではないですか？　こうした退屈な人々から逃げ出すために、あなたは意地悪をしたり論争や喧嘩をする選択をしませんか？

上記の質問について短く話し合ったあとで、生徒があなたの言わんとすることを理解したようであれば、「あなたはどのようにして喧嘩を避けますか？」と質問する。例えば、「悪口を言う人との喧嘩をどのようにして避けますか？」と質問する。話し合いのあと、あなたが自分は重要だと信じていれば、悪口を言っている人に向かって、「君の言っていることは私にとって何も意味がない」と言う選択は可能だろうか？「問題を抱えているのは僕ではなく、君だ。僕はうまくやっている。たくさんの友人がいるし、尊敬もされている。僕は君の悪口を心配して時間を無駄にする必要はないし、気にもしない。君は僕にとって何者なの？　何の意味もない人だ」と言ったらどうなるだろうか。

ここで教師が生徒に教えようとしていることは次のことだ。もし私たちが自分の人生に満足していれば、もし私たちが力、友人、十分な自由を持っていれば、悪口を言われることを気にするだろうか？　喧嘩は自分のことがよくわからないときにするものではないか？　深刻な問題に巻き込まれてしまう喧嘩を避け、人々と仲良くする最善の方法は、できるだけ自分の欲求を満足させることだ、と教える。

また、喧嘩する、しないの選択は、誰かの挑発に乗らないようにする選択と同じではないか？　誰かに挑発されてそれに乗れば、あなたをコントロールしているのは、あなたではなく、挑発している人だ。誰かに挑発されて、あなたを他の人にコントロールさせるのは賢いことか？　あなたがそれを許さなければ、あなたの持っているものを誰も取り上げることはできない、と生徒に教える。人は喧嘩をしないで、問題に巻き込まれないことを選択する力を持っている。もし誰かがあなたを侮辱したら、「それは君の意見で、僕の考えと違う。僕の考えの方が、君の考えより立派だ」と言えないか？　これまでのことを復習して、生徒に学んだことを実践してみるよう促す。これは新しい考えで、時間がかかる。生徒がフラストレーションを覚えたときに、こうした欲求と選択を使って、喧嘩や論争をしないで対処するのを支援するつもりだと教師は話す。

教師が教え始めた考えは選択理論だと告げる。これはこれまで教師が教えてきた5つの欲求を満たすことで、いかに自分の人生をいつもコントロールしようとしているかを説明している。生徒たちはこれまで学んだことを自分たちの人生で実践することができる、と話す。この理論についてもっと話したいかどうか聞いてみる。学べば学ぶほど人生のコントロールがうまくできるようになり、もっと幸せになる、と話す。

これは教師が選択理論を生徒の人生に紹介するときに、こんなこともできるという小さな例である。教師が数年間取り組んでいる中で、だんだんよくできるようになり、興味が湧き、価値が見えてくるだろう。この仮定の話し合いは、本書で私が提案している多くのものの一例である。使えるものを使って、あなたがクォリティスクールの教師となる一助となれば幸いである。あなたの教え方は、私がここで述べているものと幾分違うものとなるだろう。選択理論を生徒に教えることで困難を覚えたら、また本書に書かれた他のことで私の意見を知りたいなら、連絡を歓迎する。

《情報のほしい方はこちらまでご連絡ください》
「日本の問い合わせ先」

認定ＮｐＯ法人・日本リアリティセラピー協会
２５４-００４５　神奈川県平塚市見附町14-10
電子メール：wgij@choicetheorist.com

第十二章

成績をつけない
クオリティの高い宿題

生徒全員が何か高品質の課題を達成するまでは、学校はまだクォリティスクールになっていない。はじめは少なくてもいいが、一年間生徒が教師のコンサルを受けながら主たる教育プロジェクトに取り組み、クォリティのレベルに達していると両者が信じる体験は最低限必要である。クォリティスクールになることを目指している学校でこれをいつから始めるかは、各教員に委ねられているが、教員が以下のような変化を実現していると思えるようになれば、すぐにでも最初のクォリティの高い取り組みを開始することをお勧めする。

(1) 強制がかなり減り、生徒全員と温かい友好的な関係が確立している。
(2) 有用なことだけを教え始めており、丸暗記することを求めていない。
(3) 生徒に自分の取り組みの自己評価の仕方を教え始めている。

あなたが中学校の教師だとすれば、このプロジェクトは1クラス、たいていアカデミックな教科から始めると良い。重要なことは、あなたが他の教師と話し合って、はじめは一つだけのクォリティプロジェクトから始めることだ。なぜなら、ほとんどの生徒にとって、このようなプロジェクトに取り組むのは初めてだからだ。課題が多すぎると生徒たちは気落ちするかもしれない。生徒がこれまで学校でやったことがない、価値ある課題に楽しみながら取り組めるようなプロジェクトであるべきだ。

私はこれまで小学校と中学校を中心にそのようなプロジェクトの実施について述べてきた。生徒がこれまでやったことがないことを理解するのは困難かもしれないが、ほとんどの生徒がやってみたいと答えている。私は話し合いを始めるときに、過去に取り組んだ課題で、今考えるとクォリティの高いプロジェクトだったと言えるものがあるかと質問する。ほとんど場合、生徒は自分たちがしたことで誇りにさえ思っていることがあることをすぐに思い出し、それについて話したいと思うほどだ。生徒が話し始めると、随分前の出来事であるにもかかわらず、顔は輝き、彼らのアカデミックな取り組みの中でも、ハイライトであることがわかる。それはクォリティプロジェクトとして課せられたものではなかったが、私たちの話し合いが進むと、まさにそのような取り組みであったことが判明する。

ここで、同じような取り組みをしたいかと聞くと、生徒たちは興味を示す。私のしたことは、ある特別な提案をしたことになる。そして私が提案したことをやってみる価値があると同意したことになる。一応提案を説明するが、説明した通りにしても良いし、自分のやり方でしても良い。あるいは私の提案することを自分の好むように修正するのも良い。

必要なことはあなたの生徒がクォリティの高い課題への取り組みを経験することだということを覚えていて欲しい。このような目を見張るような優秀な取り組みがなければ、クォリティスクールについて話しても意味がない。

小学校と中学校の両方で、生徒は学びたいものを選び、教師、親、コンサルタントと相談しながら、自ら進んで、クォリティを目指す取り組みをするように、と生徒に話す。生徒はたくさんの自己評価（第九章参照。ミセジカク）を繰り返しながら、自分たちのしたことがクォリティの高いものだと思うまで、取り組み続けるとよい。テーマを何にするかは自分の興味で決める。テーマについて学ぶことができ、ある程度何を十分に学んだかを示せるもので、取り組んだ結果はクォリティが高く、楽しいものだったと言えるものであれば、何を選んでも良いと生徒に話しておく。

高校でのプロジェクトは、複数の主題が交差するものでも良い。生徒は数人の教師にコンサルタントとして関わってもらう。小学校なら、クラス担任が主なコンサルタントであるだろう。どちらのケースでも、自分が選んだプロジェクトに関心を持ち、支援してほしいと思う人を選ぶように説明する。関わる人の数が増えれば増えるほど学ぶものは多くなるだろう。自分のしていることを興味のある人に話すことは、何を学ぶにしても最善の方法となる。自分がクォリティのレベルに達したと思うまで、プロジェクトに取り組むことが課題となる。取り組みがクォリティのレベルであることをどのように示すかは、生徒が決める。その取り組みを停止する時を決めることも生徒次第である。教師は支援するが、指示は多過ぎないようにするのが良い。

このプロジェクトは通常の課題と著しく違うので、成績はつけない。生徒がよく考えて力を入れ、取り組みの最中に自己評価をしたものであれば、受け入れられる。興味のあるものについて学ぶことは役立つと同時に、楽しいことを生徒に教えることが重要であって、成績は不必要である。生徒も教師も成績のつかない課題への取り組みについて懐疑的であることを私は知っているが、生徒たちは取り組む気があると話してくれた。生徒と話し合ってみると、成績がつかなくても、学ぶための学びに一理あることを理解した。

このプロジェクトは共同課題として取り組めることも考えると良い。共同の取り組みであれば、最初のプロジェクトは二人以上の生徒で取り組まないのが良い。あとに、これが規定のやり方になれば、三人、四人の生徒が一緒に取り組むのも良いが、最初は二人だけの方が良い。それぞれの生徒はどんな貢献をしたかの記録を取り、疑いもなく共同の取り組みであり、一人だけが多くのことをして、もう一人は写しただけとならないようにする。

プロジェクトの厳密な提出期限は設定しない。一年で完結しなければならないということでもない。必要なことは、担当教師あるいはそれ以外のコンサルタントと進捗状況を話し合うことだ。終えることは、始めることほど重要ではない。クォリティの高い取り組みをする経験が重要なのだ。デミングが言うように、絶えざる改善こそがクォリティの鍵なのだ。私たちが教えたいことは、クォリティの追求には終わりがないということだ。

私たちがクォリティスクールで生徒たちに知ってほしいことは、知的成長は、何かを終えて、次の何かに取り掛かることではなく、取り組んでいることをつねに考え続け、取り組み続けることであるということ。生徒が学ぶ必要があることは、クォリティに至る過程である。生徒が一度これを学べば、結果はついてくる。私がここで説明していることは、まさにこのクォリティに至る過程であるが、生徒がこの過程を学ばなければ、結果を達成することはできない。従来型の学校の間違いはここにある。生徒は課題取り組みをして終わる。しかし、そのやり方、過程にクォリティが念頭にない。

こうしたプロジェクトはクォリティスクールのカリキュラムの大切な一部となるが、この最初のプロジェクトは必須教科ではない。適切な説明がなされれば、ほとんどの生徒は提案を受け入れる。効果があれば、多くの生徒が率先して楽しく取り組み、どれほど面白いかを口にするようになれば、出遅れた生徒も興味を持ち、プロジェクトの取り組みを始める可能性が出てくる。取り組まなくても罰則はなく、始めた生徒に「だから言っただろう」と言う人は誰もいない。成功したら、このような成績のつかないクォリティプロジェクトをクォリティスクールの必須課題とするというアイディアを生徒たちに提示する。この段取りについて悩む前に、これが実践可能かについて考えるのにもっとたくさんの情報が必要だ。一般的には、クォリティスクールで生徒にこの取り組みが必須であると決める必要はない。生徒は取り組みたいと思うはずだ。このようなプロジェクトは、クォリティスクールがこれを達成できるかどうかの試金石となる。

パイロット・プロジェクト

多くの生徒は、プロジェクトを考えるのが困難なようであるので、支援する必要がある。調べるのがとても難しい、あるいは取り組んでみたら生徒が考える以上に大して興味を抱かないものを選択した場合、生徒は再度考え直して、別のプロジェクトを選び直すのも良い。生徒は、興味のないものを追求しなくてはならない、という状況にはまるべきではない。追求したいものを見つけることも学びの一部である。生徒が最終的に研究したいものを見つけるまで、何度か始めてみる必要があるかもしれないが、この学ぶ過程や仕組みの方が、成果よりも重要である。

高校生が校内に武器を持ち込まないというようなプロジェクトを選んだとしよう。他の多くの学校で現在どのように実施されているか調査するだろう。学校の教師、生徒、保護者に参加してもらう調査票を作成する方法を生徒は学ぶことができ、それからその結果を分析することを学ぶ。この主題について警察、政治家の考えをインタビューして確認する。銃の探知機についての技術的なこともわかってくる。生徒はコンサルタントと話して、学んだことを発表する最善の方法を考え、このセンシティブな主題について、校内集会で意見交換をすることを考えるかもしれない。生徒は別の学校に出向き、自分の発見したことを基盤として、いくつかの学校で具体的な行動計画を立てることを考えるかもしれない。

このようなプロジェクトは優に一年、あるいはともすればそれ以上かかるかもしれない。生徒は学んだことをまとめ上げ、発表する方法も学ぶことになる。こうして生徒は書く技術と芸術的な能力を伸ばす機会を得ることになる。社会学と歴史学の要素が明白になるプロジェクトである。生徒が金属探知機と他の機器がどのように機能するかを調べるなら科学も関与することになり、どれほどの費用がかかるかとなれば経済学も関わってくる。教師全員がコンサルタントとして関わる可能性があり、生徒は何を学んだかを知り、学びはとても有用であるとわかってくる。

4年生が、歯の健康について研究することを決めれば、食事、歯磨き粉、フッ素についても様々な学びをすることになる。歯科医師になるための経費や医師の数も調査し、他の国々はこの問題にどのように対処しているかも重要となる。生徒は最終的に、私たちのニーズに対応できる仕組みを構築するために、何を変える必要があるかについて意見を述べることができる。

こうした例を挙げているのは、私が話していることが学校教育の主要な例となり得ることを示すためである。最初のプロジェクトがこれほど大きなものである必要はないが、小さなことから大きなものに発展し、数年かかる研究かもしれない。このような努力は、クォリティの過程を理解するだけでなく、生徒の人生の進み方を変えるほどのインパクトを与えるかもしれない。クォリティスクールの目指すものは、生徒が学校は学ぶ場所であり、学ぶように求められているものを学べば、生徒の人生の質まで改善することを理解してもらうことである。現在の生徒はこれを理解していない。もしあなたが同意するなら、私はできるだけのことをしたいと思っている。

まとめ

あなたは新しい取り組みに一歩踏み出した。容易ではないが、生徒と共に取り組むことが楽しいことに気づき、あなたと生徒の人生の質が大きく高まることに気づくであろう。

注

1. A brief but adequate explanation of choice theory is in my 1990 book, *The Quality School.* More detailed information is in my 1998 book, *Choice Theory: A New Psychology of Personal Freedom,* All my books are published by HarperCollins.
2. Lloyd Dobyns and Clare Crawford-Mason, *Quality or Else*(Boston: Houghton Mifflin, 1991).
3. See William Glasser, *The Control Theory Manager* (now called *The Choice Theory Manager*)(New York: HarperCollins 1993).
4. For information on how your school can become a member of the Quality School Consortium, contact the William Glasser Institute.
5. "A Day with Dr. Deming," sponsored by the Chief of Naval Operations, December 20, 1991, and published by the Office of the Chief of Naval Operations, The Pentagon, Room 4E522, Washington, D.C. 20350-2000.
6. Ibid.
7. Ibid.
8. Ibid.
9. In the world of business, management and labor are only now (many years too late) beginning to see that quality, not just competence, is what is needed if businesses are to compete successfully.
10. For information about materials written to assist students in choice theory, please contact the William Glasser Institute.
11. For information on the Quality School Training Program, now called the Quality School Specialist Program, please refer to Author's Note on pages ix-x of this book.

監訳者あとがき

本書はThe Quality School Teacher（by William Glasser, M.D., HarperCollins Publishers, New York, 1998）の全訳である。

副題には次のように記されている。

「『クォリティ・スクール』で紹介されているリードマネジメントを自分が担当するクラスで実践したいと思っている教師のための具体的な提言」

この副題によれば、リードマネジメントを学びたい人は、本書によって学べるということだ。グラッサーが日本で講演をされたとき、私は専属で通訳をした。ある研修会でグラッサーは次のように語った。

リードマネジメントを言い換えれば、「尊敬のマネジメント」であると。上司が部下を尊敬していたら、それはリードマネジメントになる。教師が子どもを尊敬して接していれば、それはリードマネジメントになっているのだろう。ところが教師は自分がマネジメントをする立場にあることを考えられないようで、教師は教えるのが仕事で、マネジメントをしているわけではない、という。クラス経営、学校運営は別の言葉では、クラス・マネジメントであり、スクール・マネジメントである。教師が否定しようとしても教師はマネジャーである。

私が大学で教えていたとき、心理学部の教員はオムニバス形式で順番に一つのクラスを一年に一度は担当することになっていた。ある教師がクラスを担当されたあと、今日は怒鳴ってしまったと言われたことがあった。このクラスは、高校を卒業して最初に受ける大学の授業をスムーズにするための特別なクラスである。300名くらいの大学1年生が大教室に集まる。私が担当するときがきた。

私は学生さんと一つの取り決めをした。話し合いをやめてほしいとき、私が手を上げるので、気づいた人は皆手を上げ、口をつぐむことにしてほしい。練習をしてみよう。話し合い開始！　そして私は秒針つきの時計を見ながら、手を上げた後あと、どのくらいで静かになるか計測した。十数秒はかかっている。だんだん短くなるでしょう、と言いながら私は自分の講義をし、キリの良いところで、「これまでの話で学んだことを隣の人と話し合ってください。私が手を上げたら、皆さん手を上げて口を閉じてください」。話し合いをやめてもらいたいときがきたので、私は手を上げた。何回かしているうちに3秒で静かになった。３００人の学生さんが話し合っているときの騒音は凄いものだ。ところが私が手をあげるとその騒音は一瞬のうちに収束した。しかも3秒！　学生さんも気持ちが良かったようだ。何度も静かに！　と言われることなく、怒鳴られることなく、次の学びに行けたのだ。これはマネジメントの一例である。教師は教えることもするし、マネジメントにも関わっている。

『クォリティ・スクール』はグラッサーの著作で、本書はその姉妹編である。文化の違いはあるが、本書を読む人々は、クォリティを巡って具体的な日本独自のアイディアが浮かんで来るであろう。グラッサーが学校教育にクォリティの概念を取り入れるに当たって、デミングの考えや取り組みが影響を与えている。デミングは周知の如く、戦後の日本にやってきて「上質なものをつくるのが一番安くつく」と教え続けた。日本は資源に乏しかったので、良いものを作って世界に輸出することで活路を開いてきた。やがて made in Japan の印はクォリティの高いものと世界に印象付けた。このデミングとその仲間がグラッサーの選択理論に触れたときに、自分たちが知らずにやってきたことは選択理論の考えであったと言ってきた。これを聞いてグラッサーはデミングのことを調べ始めて、デミングの実践はまさに選択理論に基づいていると気づき、デミングがクォリティを追求して企業において成功したのであれば、教育の分野でクォリティを追求する教育改革が成功しないはずはない、と考えるようになり、『クォリティ・スクール』が誕生した。

南米コロンビアで学校を経営しているジュアン・パブロ氏は、アメリカの大学院で学んでいるとき教授から紹介されてグラッサーの『クォリティ・スクール』(1990)を読んだ。しかし、直ぐには興味を持たなかったという。しかしそのあと、『クォリティスクール・ティーチャー』(1993 &1998)を読んで、このクォリティスクールのアイディアに関心を持つようになったと言っていた。そして彼の学校は、幼稚園、小学校、中学校、高校を含む大きな学校でありながら、クォリティスクールの6基準をすべてクリアしており、グラッサーの言うクォリティスクール(GQS)であることを宣言している。

クォリティスクールを略してQSと呼ぶ。近隣の学校も自分たちの学校はクォリティスクールだと言えなくもない。そこでグラッサーの言うクォリティスクールと言う意味で、グラッサー・クォリティスクールと呼び、略してGQSと記すことがある。

グラッサー・クォリティスクールの基準を簡単に述べると次のようなものである。これは『グラッサー博士の選択理論』(1998)(日本語訳、pp.464)にリストされている。

1, 規律違反の問題はほぼ存在しない。
2. 学校はこれまでの学力テストを上まわるテスト結果を出している。
3. Bを含むB以下の悪い成績はつけずに、わかるまで取り組む。
4. 生徒全員がなんらかの分野で「上質」を追求している。
5. 教師と生徒が選択理論を学んでいる。
6. 学校は喜びに満ちた学習環境になっている。

これらの基準を満たした学校が米国ミシガン州の公立小学校にあった。ハンティントンウッズ・スクールである。現時点でこの学校は統廃合の結果、同じ敷地には存在しない。この学校では子どもたちの要請で夏休みがなくなった。学校があまりにも楽しいので、子どもたちが長い休みは要らない、学校に行きたいと親に言うようになり、短期の休みはあったものの長期にわたる夏休みは無くなった。我が家には3人の男の子がいたので、「夏休みがないほど楽しい学校があるので、行かないか」と聞いてみたが、誰も興味を示さなかった。夏休みが要らないと言うほど楽しい学校を想像することができなかったのだろう。

上記の基準を満たしていると自己評価できる学校は、認定NPO日本リアリティセラピー協会、もしくはＮＰＯの連携組織である日本選択理論心理学会に連絡してほしい。訪問させていただきこれらの基準の達成を確認することができたら、グラッサー・クォリティスクールとしての認証を受けることができる。このような学校は、私たちが考える「理想の学校」に限りなく近いものとなっているだろう。そんな学校が増えると、学校の抱えている、いじめ、不登校、自殺、暴力、学業不振、などの問題解消につながるだろう。人間関係が改善して、子どもたちの幸福感と自己肯定感は高くなるであろう。

本書の1章、2章、3章は、早稲田大学英語講師・堀八重子氏が担当されたが、監訳者はこれらの章を含むすべての章の訳に責任がある。また、私が訳した直後の粗い文章を出村栄子氏に推敲していただけた。記して感謝したい。

本書の出版にあたっては、アチーブメント出版会長・青木仁志氏、社長・塚本晴久氏、編集担当者・たかはし藍氏にお世話になった。記して感謝する。

２０２１年３月24日
柿谷正期

[著者紹介]
ウイリアム・グラッサー（1925-2013）
精神科医師。ウエスタン・ケース・リザーブ大学医学部で博士号取得。精神科医の新しいアプローチ『現実療法（リアリティセラピー）』を著し、広く影響を与えると共に、精神科医として幅広く活動。公教育に関心をもち、教育で上質を追求する改革を試み、『クォリティ・スクール』を著した。クォリティ・スクールには明確かつ高度な基準があるにもかかわらず、それを達成してクォリティ・スクールの認証を受けた学校が出現した。グラッサーのアイディアは、英語圏だけでなく、多くの国に広がっている。日本では1986年以来集中講座が開催されており、グラッサーの提唱している選択理論を学び、多くの人が幸せに向かった歩みをしている。

[監訳者紹介]
柿谷正期（かきたに・まさき）
認定NPO法人日本リアリティセラピー協会理事長
日本選択理論心理学会会長
元立正大学心理学部教授。1985年に日本でリアリティセラピーと出会い、翌年日本で最初の集中講義を主催。グラッサーの書籍の大半を翻訳し、来日講演の通訳を務めた。ウイリアム・グラッサー国際協会の理事を2期務めた。日本選択理論心理学会会長、認定NPO法人日本リアリティセラピー協会理事長、臨床心理士、精神保健福祉士、日本カウンセリング学会認定カウンセラー、ウイリアム・グラッサー国際協会認定シニア・インストラクター、選択理論心理士、現実療法認定カウンセラー。著書としては『幸せな夫婦になるために』『選択理論を学校に』などがある。
〔㈱柿谷カウンセリングセンターHP〕kcc@choicetheory.net

アチーブメント出版
〔twitter〕@achibook
〔Instagram〕achievementpublishing
〔facebook〕http://www.facebook.com/achibook

クォリティスクール・ティーチャー

2021年（令和3年）7月4日　第1刷発行

著　者……ウイリアム・グラッサー
監　訳……柿 谷 正 期
発行者……塚 本 晴 久
発行所……アチーブメント出版株式会社
〒141-0031　東京都品川区西五反田2-19-2　荒久ビル4F
TEL 03-5719-5503／FAX 03-5719-5513
http://www.achibook.co.jp

装丁・本文DTP……クリエイティブ・コンセプト
翻訳担当……堀八重子（第一章〜第三章）柿谷正期（第四章〜第十二章）
校正……株式会社ヴェリタ
印刷・製本……株式会社光邦

ISBN 978-4-86643-100-0
落丁、乱丁本はお取り替え致します。